5%는 불가능해도 30%는 가능하다

INNOVATION LEADER

열정의 승부사 김쌍수 사장의
혁신 경영 이야기

5%는
불가능해도
30%는
가능하다

· 김쌍수 지음 ·

한스미디어

　김쌍수 사장이 민간기업 CEO를 거쳐 최대 국민기업의 사장으로 부임한다는 소식을 접하면서, 한국전력의 변화와 혁신을 쉽게 예견할 수 있었다. 일관성 있는 목표 설정과 이를 실현시키고자 하는 전략적 사고, 그리고 정직과 헌신으로 일관해온 김 사장이 거대 공기업 한전을 새로운 차원의 글로벌 국민기업으로 격상시킬 수 있는 역량과 비전을 갖고 있다고 믿기 때문이었다.

　김 사장은 남을 의식한 외형적 변화와 단기적 성과 향상에 집착하지 않고, 조직의 근원적 문제점을 파헤치고 본원적 비전을 달성할 수 있는 핵심 과업을 도출하는 데 있어 남다른 역량을 발휘해왔다. 아마도 UAE 원전 프로젝트를 성사시키고, 아시아권에서 한전의 진가를 다시 확인해준 과정의 이면에는 5%는 불가능해도 근원적 변화를 통한 30%의 진전은 가능하다는 신념이 자리 잡고 있었다고 본다.

　세계시장에 적극적으로 진출해야 할 국민기업의 임직원이나 청년 학도들이 글로벌 비전과 역량을 새롭게 모색하는 데 이 책이 유용하게 활용될 수 있을 거라 생각한다.

－ 오연천(서울대학교 총장)

과거 LG 시절부터 혁신에 대한 확고한 신념과 추진력으로 변화를 이끌던 김쌍수 사장은 한국전력에서도 큰 혁신을 이끌어냈다. 사기업에 비해 보수적이며, 변화가 어려운 공기업인 한국전력에서 김쌍수 사장이 이끌어낸 놀라운 혁신의 성과들은 이 책 곳곳에 담겨 있다.

국회 지식경제위원장을 하며 가까이에서 살펴본 한국전력의 혁신 모델이야말로, 침체에 빠져 있는 우리나라 제조업의 희망이라고 생각한다. 김쌍수 사장의 혁신 모델 가운데 6시그마는 가격경쟁 여파와 인건비 상승으로 경쟁력을 잃고 코리아 디스카운트를 당하고 있는 우리나라 제조업을 살릴 수 있는 모범 답안이다. 그가 LG전자와 한국전력에서 실천한 6시그마는 코리아 디스카운트 현상을 극복하고 코리아 프리미엄으로 대접받을 수 있는 해법을 제시해줄 것이다. 바쁜 기업 활동 중에서도 대한민국을 이끌어갈 미래의 리더를 위해 값진 가르침을 전수하려는 김 사장의 노력에 찬사를 보내며, 그의 또 다른 도전과 새로운 혁신을 기대한다.

– 정장선(국회의원)

한국을 대표하는 혁신 CEO인 김쌍수 사장은 LG전자 시절 도전적인 혁신 스피릿을 발휘하며 세계 1등 제품을 만들어내는 성과를 일구었으며, 한국전력공사에 와서도 UAE 원전 수출이라는 국가적인 경사를 이끌어냈다.

한국의 제조업을 세계 최고 수준으로 끌어올리는 바쁜 와중에서도 그는 '5%는 불가능해도 30%는 가능하다'로 대표되는 독자적인 경영 이론을 정립했다.

험난한 경영 환경 속에서 초인적인 노력으로 무에서 유를 창조한 그의 성과와 혁신의 노하우를 정리한 이 책에는 오랜 세월 현장에서 몸으로 체험하며 혁신을 이끌어온 그의 순수한 열정과 장인의 손맛이 느껴진다.

특히 그의 지혜와 현장 경험을 농축한 노하우가 담긴 '혁신 10계명'과 혁신의 나아갈 바를 밝힌 '혁신 Way'는 비즈니스맨은 물론 일반인들에게도 많은 가르침을 줄 것이라 확신한다.

– 송병락(서울대학교 명예교수 겸 포스코 전략대학 석좌교수)

끊임없는 혁신과 열정으로 세계 일류기업을 만든 김쌍수 사장의 혁신 노하우와 지혜를 담은 이 책은 기업 경영은 물론 가정과 사회, 나아가 글로벌 시대의 국가 경영에 많은 시사점을 던져준다.

현장에서 체득한 혁신 10계명은 의미심장한 메시지를 담고 있다. '한 방에 끝내라', '조직을 파괴하라', '실천하는 것이 힘이다', 'No 아닌 도전', '나 아닌 우리' 등에서 오늘을 살아가는 지혜를 얻을 수 있다. 혁신 10계명은 경영뿐만 아니라 우리 모두가 일상생활에 적용해야 할 덕목이기도 하다.

'김쌍수 철학'이라고 해도 과언이 아닐 만큼 존경받는 그의 독특한 경영철학을 책으로 만날 수 있다는 것은 큰 행운이다. 타의 추종을 불허하는 현장 경험 중심의 식견과 판단 능력, 그리고 실행력과 강력한 혁신 의지를 접해보는 것은 매우 유익한 일이다.

열정적으로 살아가는 세상 사람들 모두가 공유하여 새로운 에너지를 잉태할 수 있기를 기대한다.

– 김인세 (부산대학교 총장)

지난 40여 년간 김쌍수 사장이 국내 굴지의 민간기업과 공기업을 경영하며 지나온 길은 그야말로 누구도 걷지 않은 불모지였다.

불가능을 모르는 자세로 무모한 도전을 서슴지 않으며, 과감하게 실천하는 김 사장의 우직한 성품과 성실하고 도전적인 자세는 세계적인 가전기업 LG전자를 만들었고, 한전 사장에 부임해서도 UAE 원전 수출이라는 쾌거를 이룰 수 있었다.

특유의 뚝심과 열정, 그리고 혁신 DNA로 무장하고 스스로 도전적인 '라이트 피플'이 되어 맨몸으로 한계를 극복하며 놀라운 성과를 창출해온 그만의 노하우가 이 책 속에 고스란히 담겨 있다.

아무도 걷지 않은 길을 가며 쌓아온 성공 경험과 지속적인 독서로 체득한 김 사장만의 혁신 철학과 노하우를 생생히 담겨 있는 이 책은 '변해야 산다'는 것은 알지만, '어떻게 변해야 할지' 궁금한 사람들에게 훌륭한 나침반이 될 것이라 확신한다.

– 이채욱(인천공항공사 사장)

전기회사 사장이 된
호롱불 소년이 후배들에게

철모르던 소년이 자라 사회의 일원이 되었고, 앞만 보고 열심히 일하다 보니 UAE(아랍에미리트) 원전 수출과 같은 국가적인 경사를 만들어내게 되었다. 뒤돌아보니 산업 현장에 근무한 지도 어느덧 42년이라는 세월이 흘렀다. 처음 산업 역군으로 사회생활을 시작할 때만 해도 우리나라의 국민소득은 200달러에 지나지 않았다. 그로부터 42년이 흐른 지금 우리나라의 국민소득은 무려 2만 달러에 이르고 있다. 낙후된 농경사회에 지나지 않았던 우리나라가 고도산업사회로 성장하는 동안 나는 그 과정을 현장에서 몸소 체험했다.

내 고향은 경북 김천시(금릉군) 남면으로 내가 자라던 당시에는 전기도 들어오지 않았던 전형적인 농촌 마을이다. 6·25 전쟁 직후라 변변한 책도 구하지 못해 국어책 한 권만 들고 초등학교를 다녔다. "부르릉 부르릉 탱크가 갑니다", "떴다 떴다 비행기" 같은 구절을 호롱불 밑에서 열심히 읽었던 기억이 난다.

학교가 파하면 소를 끌고 뒷산에 풀을 먹이러 가곤 했다. 산에 오르면 근방을 지나는 기찻길이 보였는데, 멀리 기차가 지나갈 때마다 서울에 올라가 성공하는 꿈을 꾸곤 했다. 고등학교 시절에는 김천 시내까지 자전거로 통학했다. 당시 부모님은 선생님이 되라고 권유했지만, 나는 기계에 유독 관심이 많았다. 발동기를 수리할 때마다 유심히 지켜보았고, 정미소에 들르면 기계를 만져보고 싶어 안달을 냈으며, 주변에 손에 잡히는 기계란 기계는 모조리 분해해보았다.

5·16 이후 산업화운동이 일어나자 공대로 진학하기로 하고 서울에 상경하게 되었다. 어린 시절 키웠던 꿈이 마침내 이루어진 것이다. 그때부터 비로소 전깃불 밑에서 책을 읽을 수 있었다.

내 고향에 전깃불이 들어온 것은 농어촌 전화사업, 즉 전기 가설 사업이 마지막 단계에 이르렀을 때였다. 당시에는 산업화운동의 물결이 전국적으로 퍼지고 있었다. 공대를 졸업한 후 나는 선택의 여지없이 산업화 열풍의 한가운데로 뛰어들게 되었다. 이후 한 번도 뒤를 돌아보지 않고 산업화의 역군으로 앞만 보고 달렸다. 그러는 사이 42년이란 세월이 흘렀다. 만약 그런 시대에 태어나지 않았다면, 아직까지 시골에서 농사를 짓고 있었을지도 모른다. 그런 의미에서 산업화운동을 시작해 내가 가진 역량을 나라 발전을 위해 마음껏 발휘할 기회를 준 박정희 대통령에게 감사한 마음을 가지고 있다.

그동안 나는 그 누구보다 열심히 현장에서 일하면서 '혁신 경영'을 주장했고, 이를 실천했다. 간혹 실패한 적도 있었지만 운 좋게도 많은 성공 체험을 할 수 있었다. 어려운 여건을 극복하고 국민소득 2만 달러 시대까지 살아온 나의 지난 세월을 중요한 대목별로 기록하면서 그간 혁신 경영을 실천하며 정리한 철학을 글로 남기고 싶었다. 오랜 기간 혁신 활동을 벌이며 몸으로 체득한 노하우가 후배들에게 도움이 될 수 있을 거라고 생각했기 때문이다.

우리 젊은 세대들이 이 책을 읽으면서, 자신을 희생하며 앞만 보고 달려온 선배들이 흘린 땀과 노고를 조금이라도 더 잘 이해할 수 있게 되기를 바란다. 만약 선배들의 헌신이 없었다면 오늘날 우리가 누리는 경제 발전과 물질적 풍요는 없었을 것이다. 요즘 젊은 세대들은 일이 조금만 어려워도 기피하는 경향이 있는데 나는 이것이 걱정스럽다. 사람은 일하기 위해 태어난 것이지, 놀기 위해 태어난 것은 아니라고 생각한다. 일은 하지 않고 놀 생각만 하는 것은 이 사회의 가장 큰 문제다.

회사에는 3가지 유형의 직원이 있다. 과감한 도전을 하면서 성과도 뛰어난 직원, 과감한 도전을 하지 않고 성과도 보통인 직원, 과감한 도전은 하는데 성과는 좋지 못한 직원이 그것이다. 내가 볼 때 과감한 도전을 하면서 성과가 뛰어난 직원은 120점짜리 인재다. 과감한 도전을 하지 않고 성과도 보통인 직원은 90점이고, 과감한 도전을 하는데 성과가 좋지 않은 직원은 85점이다. 회사가 성장하기 위해서는 물론 120점 직원이 많아야 한다. 하지만 모두가 120점이 될 수 없다면, 90점 직원보다는 85점 직원이 오히려 더 낫다고 본다. 왜냐하면 위험을 감수한 도전을 하다 보면 85점 직원은 언젠가 120점짜리 인재가 될 수 있기 때문이다.

회사가 발전하기 위해서는 반드시 120점짜리 인재가 필요하다. 나는 이런 인재를 '라이트 피플Right People'이라고 말한다. '라이트 피플'은 우직하게 앞만 보고 열심히 일하는 사람이다. 바로 이런 120점짜리 인재들이 많은 회사가 '위대한 기업Great Company'으로 성장할 수 있다. 아무쪼록 이 책을 읽는 젊은 세대들 모두가 120점짜리 '라이트 피플'이 되어 세계적인 위대한 기업을 만드는 주역으로 성장하기를 마음속으로나마 성원해본다.

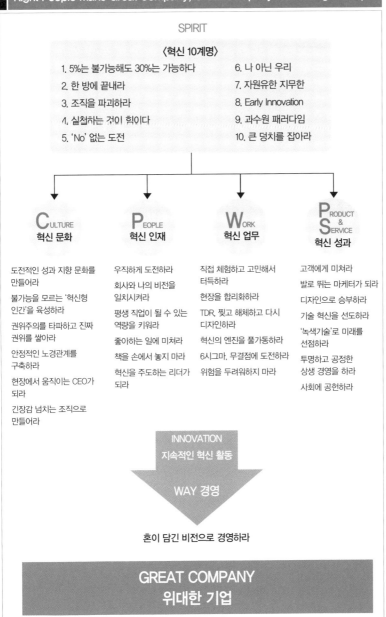

SPIRIT

〈혁신 10계명〉

1. 5%는 불가능해도 30%는 가능하다
2. 한 방에 끝내라
3. 조직을 파괴하라
4. 실천하는 것이 힘이다
5. 'No' 없는 도전

6. 나 아닌 우리
7. 자원유한 지무한
8. Early Innovation
9. 과수원 패러다임
10. 큰 덩치를 잡아라

CULTURE
혁신 문화

PEOPLE
혁신 인재

WORK
혁신 업무

PRODUCT & **S**ERVICE
혁신 성과

도전적인 성과 지향 문화를 만들어라

불가능을 모르는 '혁신형 인간'을 육성하라

권위주의를 타파하고 진짜 권위를 쌓아라

안정적인 노경관계를 구축하라

현장에서 움직이는 CEO가 되라

긴장감 넘치는 조직으로 만들어라

우직하게 도전하라

회사와 나의 비전을 일치시켜라

평생 직업이 될 수 있는 역량을 키워라

좋아하는 일에 미쳐라

책을 손에서 놓지 마라

혁신을 주도하는 리더가 되라

직접 체험하고 고민해서 터득하라

현장을 합리화하라

TDR, 찢고 해체하고 다시 디자인하라

혁신의 엔진을 풀가동하라

6시그마, 무결점에 도전하라

위험을 두려워하지 마라

고객에게 미쳐라

발로 뛰는 마케터가 되라

디자인으로 승부하라

기술 혁신을 선도하라

'녹색기술'로 미래를 선점하라

투명하고 공정한 상생 경영을 하라

사회에 공헌하라

INNOVATION
지속적인 혁신 활동

WAY 경영

혼이 담긴 비전으로 경영하라

GREAT COMPANY
위대한 기업

CONTENTS

혁신 10계명 Spirit
마음가짐부터 혁신하라

part
3

라이트 피플이 되라

P

혁신 업무 Work

part 4 혁신으로 승리하라

part
5

혁신 성과 Product & Service

차별화된 가치를 제공하라

part
6
혁신하고 또 혁신하라

PART 1

SPIR

GREAT C

마음가짐부터 혁신하라

어떻게 하면 조직 구성원들에게 혁신의 사고를 쉽게 전파하고 이해시킬 수 있을까 고민하는 과정에서 혁신 10계명이 만들어졌다. 1994년부터 본격적인 혁신 활동을 진행하면서 생긴 노하우를 하나씩 정리하다가 2004년에 혁신 철학의 정수를 담은 '혁신 10계명'이라 명명하고, 현장에서 혁신 사상을 전파하는 데 활용하고 있다.

IT
OMPANY

혁신 10계명

5%는 불가능해도 30%는 가능하다
한 방에 끝내라
조직을 파괴하라
실천하는 것이 힘이다
'No' 없는 도전
나 아닌 우리
자원유한 지무한
Early Innovation
과수원 패러다임
큰 덩치를 잡아라

Great
Company

Way 경영

Product
&
Service

Work

People

Culture

01

5%는 불가능해도
30%는 가능하다

생존을 위한 성장 전략

"5%는 불가능한데 30%는 가능하다는 말이 무슨 뜻입니까?"

언론 인터뷰를 하거나 외부에서 강의할 때마다 받는 질문이다. 5%가 불가능하면 30%는 더 어려울 것이기에 어딘가 앞뒤가 맞지 않는 말이라고 생각해 생기는 의문이다. 하지만 절대 그렇지 않다. 이는 내가 수십 년 동안 성공을 경험하면서 얻은 깨달음이기 때문이다.

실제 어느 분야든 동일한 일을 4M Man, Machine, Material, Method 변경 없이 1년간 반복하면 생산성이 7% 정도는 향상된다고 한다. 다시 말해 특별한 노력 없이도 조직의 학습 효과 덕분에 그 정도의 성장은 자연스럽게 달성할 수 있다는 얘기다. 그러나 치열한 경쟁이 벌어지는 요즘 같은 현실에서 그 정도의 생산성 향상에 만족하며 안주한다면, 과연 그 기업은 몇 년이나 생존할 수 있을까? 지금 이 순간에도 경쟁자들은 혁신적인 제품을 개발하며 우리를 위협하고 있다. 특히 IT · 가전 제품의 경우 세계시장을 차지하기 위한 치열한 경쟁 때문에 매년 10~20%씩 가격이 하락하고 있고, 품질에 대한 소비자의 기대 수준 역시 경제성장률을 앞지르고 있는 현실이다. 이런 상황에서 최소 30%의 생산성 향상을 거두지 못한다면, 시장에서 1~2년도 버티지 못하고 퇴출당하고 말 것이다. 이처럼 생존을 위한 절박한 상황에서 나온 것이 바로 모든 경영 지표에서의 30% 이상 향상 전략이다.

원점에서 다시 사고하라

그렇다면, 5%의 향상도 어려운 현실에서 어떻게 30%의 향상을 달성할 수 있을까? 그 비밀은 이렇다. 5% 정도의 향상을 목표로 삼을 때는 기존 방식의 틀에서 개선 방법을 찾는다. 하지만 30% 이상 향상시키겠다는 목표를 세우면 기존의 접근 방식으로는 달성하기 어렵다는 것을 알기 때문에 기존의 틀에서 벗어나 전혀 새로운 방식을 찾아나서게 된다. 이때는 완전히 원점Zero Base에서 다시 사고하기 때문에 일을 대하는 자세와 사고방식, 그리고 업무 프로세스와 생산 공정, 마케팅에 만연한 매너리즘에서 탈피한 진정한 변화와 혁신을 추구할 수 있다.

LG전자 시절, 가전제품의 컨트롤러 역할을 하는 PCBPrinted Circuit Board(인쇄회로기판) 부품의 크기를 줄여 재료비를 절감하는 개선 활동을 지시한 적이 있다. 거의 모든 가전제품에 쓰이는 PCB에는 다양한 전자 부품이 들어가는데, 부품의 크기를 줄이면 완제품의 원가 경쟁력을 크게 향상시킬 수 있었다. 그래서 해당 분야의 전문가 몇 명을 선발해 별도의 팀을 꾸리고 3개월 동안 PCB의 크기를 줄이는 개선 활동을 진행했다. 시작한 지 2주가 지나 진척 사항을 보고받는데 기껏 크기를 줄인다는 것이 내부 부품 몇 개를 빼내고, 공간의 여백을 조금 줄이는 정도라 크게 실망했다. 눈에 보이는 수준의 개선 활동으로는 아무리 노력해도 5% 이상 개선하기 힘들 것 같았다. 그래서 옆에 있는 직원에게 톱을 가져오라고 해서 PCB를 반으로 뚝 잘랐다. 반쪽이 난 PCB를 주면서 "3개월 뒤에 이만한 크기로 만들어오라"고 지시했다. 한국의 부품 기술이 많이 발전했기 때문에 틀림없이 크기를 반으로 줄일 방법이 있을 거라 확신했다. 그들은 3개월 후 똑같은 품질 수준을 유지하면서 크기가 반으로 줄어든 PCB를 만들어왔다. 어떻게 이런 개선이 가능했는지 그들에게 물었다.

그들은 PCB를 반으로 만들려니 기존 방식으로는 도저히 불가능해 결국 줄어든 크기에 맞게 프로그램을 다시 만들 수밖에 없었다고 말했다. 새로 프로그램을 만드는 과정에서 PCB에 들어가는 부품이 꼭 필요한 것인지 다른 것과 통합할 수는 없는지 고민하다 보니 진짜 반으로 만들어졌다는 것이다. 물론 반도체 분야 기술이 그만큼 발전했기에 가능했던 일이다.

이처럼 5%가 아닌 30%를 향상시키겠다는 마음가짐으로 새로운 틀에서 사고한다면, 경쟁자보다 한 걸음 앞선 진정한 혁신을 달성할 수 있을 것이다.

TDR과 6시그마, 그리고 현장 경영

조직원들에게 30%의 도전적인 목표를 설정해 도전하라고 하면, "어떤 방법으로 그 목표를 달성할 수 있습니까?"라고 질문한다. 방법이 없는 상태에서 높은 목표를 제시하고, 그것을 달성하라고 하는 것은 무책임한 일이다. 목표만 높게 설정하고 그 방법을 일러주지 않는다면 등산 장비 없이 에베레스트에 올라가라고 하는 것과 무엇이 다르겠는가? 그렇기에 30% 향상이라는 '도전적인 목표Stretch Goal'를 세울 때는 그것을 달성하기 위한 방법론이 필요하다. 내가 주창하는 대표적인 방법론은 'TDRTear Down & Redesign'과 '6시그마Six Sigma'다. 2가지 방법을 마라톤에 비유한다면, 'TDR'은 마라토너가 경기에서 탁월한 실력을 발휘해 승리를 따내는 것(경영성과 창출)으로, '6시그마'는 마라토너가 강한 체력을 갖추게 하는 것(조직 역량 향상)으로 표현할 수 있다.

앞서 소개한 PCB 개선 작업의 사례가 바로 TDR이다. TDR은 문제를 손에 잡히거나 눈에 보이는 수준까지 파헤친 후('Tear Down') 근본적인 원인을 분석하고, 새로운 생각과 방법에 따라 다시 구성하여('Redesign') 탁월한 성과를 창출하는 혁신 활동이다. 이 활동은 주로 별도의 팀을 만들어 맡겼는데, 처음에 30% 향상 목표를 제시하면 팀원들은 불가능하다고 생각하다가도 막상 결과가 나오면 초과달성하는 경우가 더 많았다. 목표를 도전적으로 높게 잡았기 때문에, 어떻게 하면 그 목표를 달성할 수 있을까 더 깊이 고민하는 과정에서 조직원의 역량이 향상되면서 달성률이 높아질 수 있었던 것이다. 이런 성공 체험을 자주 하다 보면 조직원 사이에 '하면 된다'는 긍정적이고 도전적인 문화가 자연스럽게 생길 수밖에 없다.

여기서 빠뜨려서는 안 되는 것이 바로 현장 미팅이다. 나는 매달 수시로 TDR 팀을 방문해 그들의 이야기를 들었다. 일일이 그들의 손을 잡으며 잘하면 칭찬해주고, 잘못하면 방향을 다시 잡아주었다. 팀원들은 대개 달성 가능한 수치로 목표를 잡는 경우가 많았는데, 그럴 때마다 직접 목표 수치를 30% 정도 상향 조정해주었다. 그러면 불가능하다고 생각했던 팀원들도 긍정적인 마인드로 내 의견을 받아들이며, 목표를 달성하려고 더욱 노력하는 경우가 많았다.

팀원들이 리더의 말을 믿고, 긍정적으로 받아들이는 분위기 때문에 매달 TDR 팀을 방문하는 날이 더 기다려졌다. 성과를 낸 TDR 팀에는 파격적인 보상을 해주었다. 팀 단위로 보너스를 주었고, TDR 기간 동안 직원만큼이나 고생했을 가족을 배려해 부부 동반으로 국내 또는 해외로 여행을 보내 직원들의 사기를 북돋았다. 이를 통해 혁신의 성과가 일회성으로 끝나지 않고, 일상적으로 지속될 수 있었다.

도전적인 목표를 제시하라

1995년 가전제품을 생산하는 창원공장을 조사한 한 컨설팅 회사는 가전제품 사업을 매각하라고 권고했다. 가전제품은 후발국의 추격으로 수익성이 떨어지고, 선진국 브랜드의 장벽을 뛰어넘기도 쉽지 않기 때문에 앞으로 전망이 불투명하다는 게 그런 평가를 내린 이유였다.

그런 권고가 맞지 않다고 생각한 나는 현업에서 20%의 인원을 따로 빼 TDR 팀을 구성하고, 그동안 축적한 조직의 혁신 역량을 바탕으로 80여 개의 과제를 도출해 실행에 옮겼다. 혁신 활동을 지속적으로 실시한 결과, 이듬해부터는 매출이 매년 20% 이상 성장했다. 공장 설비를 늘리지 않고, 인력은 오히려 줄어들었는데도 1990년 8,000억 원에서 2003년 5조 1,500억 원으로 매출이 증가했다.

그러한 노력 덕분에 휘센 에어컨, 디오스 냉장고, 트롬 세탁기로 대표되는 백색가전 르네상스를 이끌어낼 수 있었다. 그때 나는 다음과 같은 '도전적인 목표'를 제시했다.

1. 30% 이상의 매출 성장
2. 3년 동안 3배의 경쟁력 확보
3. 경쟁사 대비 30% 이상의 경쟁우위 확보

내가 제시한 도전적인 목표는 회사를 글로벌 톱 브랜드로 가게 만드는 지름길이 되었다.

목표를 5%로 잡고 7% 달성에 만족할 것인가? 아니면 30%의 목표를 잡고 25%를 달성할 것인가? 이 물음에 대한 답은 이미 나왔다. 세계적인 동기부여의 대가 지그 지글러 Zig Ziglar는 "목표는 커야 한다. 작은 목표는 작은 성취감만 느끼게 할 뿐이다. 목표가 커야 성취감도 크고 자신의 능력을 극대화할 수 있다"라고 말했다. 그러므로 도전적인 목표만이 타성에 젖은 조직문화를 타파하고 혁신에 드라이브를 걸게 한다는 것을 언제나 명심할 필요가 있다.

02

한 방에 끝내라

수라상이 아니라 주먹밥이다

우리 조상들은 임금님의 수라상처럼 24가지 반찬을 놓고 몇 시간씩 앉아서 식사를 했다. 그러나 요즘같이 바쁜 세상에 그럴 여유가 있는 사람이 얼마나 될까? 하물며 전쟁터를 방불케 할 정도로 한 치 앞을 내다볼 수 없이 급변하는 비즈니스 현장이야 더 말할 나위가 없다. 비즈니스 세계에서 한시름을 놓는 순간 경쟁자는 멀리 앞서 나가게 되어 있다.

전쟁터에서 한가하게 갖가지 찬을 놓고 밥을 차려 먹을 여유가 있을까? 그럴 때는 간편하게 한 손에 들고 빠르게 먹을 수 있는 주먹밥이 최고다. '한 방에 끝내라'는 말은 곧 위급한 상황에서는 수라상이 아니라 주먹밥을 만들어 먹으라는 말이다.

우리 주변에는 아직도 한가하게 진수성찬을 차려 먹으려는 경우를 흔히 볼 수 있다. 고객이 쇼핑하러 마트에 갔는데 사려는 물건을 다 구입하지 못해 다른 곳에 또 들러야 한다면 어떨까? 마찬가지로 제품에 문제가 있어 애프터서비스 직원이 방문했는데 막상 제품을 점검해 보니, 다른 곳에 문제가 있는 것이 발견되어 다시 방문 신청을 해야 한다면, 고객은 그 회사의 서비스에 실망할 것이다. 결국 마트와 애프터서비스 직원은 모두 한 방One-Stop에 고객을 만족시키는 데 실패한 것이다.

주먹밥 사상을 전파하다

창원공장에 근무하던 시절, 이런 문제를 해결하기 위해 모든 문제를 한 방에 끝내는 '주먹밥 사상'을 강력하게 실행했다. 1980년대만 하더라도 비효율적인 작업 단계가 많았다. 생산라인이 길수록, 규모가 커 보인다고 생각한 탓인지 라인의 길이가 무려 420미터에 달했다. 제품 완성까지 거쳐야 할 단계가 너무 많아 낭비 요인이 늘었고, 취급하는 부품 수도 많아져 불량률도 높았다. 하지만 한 방에 끝내는 주먹밥 사상을 실행한 뒤 라인 길이를 270미터까지 줄일 수 있었다. 다양한 사양의 부품을 같은 기능을 가진 한 개의 부품으로 표준화하고, 모듈화하면서 여러 개의 공정을 한 개로 줄일 수 있었고, 그런 과정을 여러 번 거치면서 생산라인의 길이를 대폭 줄일 수 있었다.

CEO에 오른 뒤에도 '주먹밥 사상'을 전사적으로 강력하게 전파했다. 당시 회사는 백색가전, TV, PC, 휴대폰 등 다양한 분야에서 제품을 출시하며 국내 가전 시장을 선도하고 있었다. 그런데 사업을 자세히 들여다보니 미래에 가장 큰 성장이 기대되는 휴대폰 사업부가 타사에 비해 경쟁력이 떨어진 상황이었다. 그래서 전사적인 역량을 휴대폰 사업부에 투여하기로 결정하고, 경쟁력을 강화하는 제품을 개발하는 데 사활을 걸기로 했다.

우선 분산된 조직을 통합해 시너지 효과를 확대했다. 서울, 평촌, 안양에 제품 형식별로 분산되어 있던 휴대폰 사업부와 청주, 평택으로 분리되어 있던 생산 공장을 통합해 서울 가산동에 통합단말기연구소를 만들고, 평택에는 통합 생산라인을 구축했다. 이로써 세대별, 형식별 휴대폰을 한자리에서 연구하고 생산하는, '한 방에 끝내는' 제작 시스템을 만들었다.

사업 기반을 다진 후에는 제품 전략에도 '한 방에 끝내기'를 실행했다. 당시 휴대폰은 크기가 작아지고 있었고, 값도 계속 내려가는 추세였다. 그래서 신제품 콘셉트를 잡기 전에 블루오션 전략의 핵심 도구인 '전략 캔버스Strategy Canvas'를 휴대폰 시장에 적용한 다음 중요한 한 분야만 집중해 한 방에 끝내기로 했다.

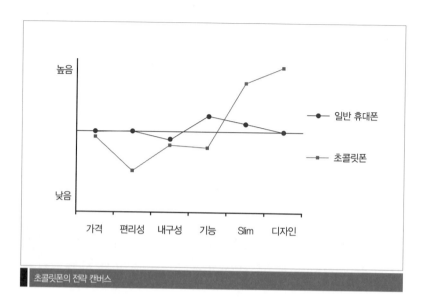

초콜릿폰의 전략 캔버스

　경쟁사를 누를 수 있는 히트상품을 만들기 위해 초기 단계부터 관련 부서가 모여 차별화된 신제품 개발 전략을 준비했다. 그 당시 일반 휴대폰은 위 그래프처럼 가격, 편리성, 디자인의 모든 항목에서 특화된 요소가 없었다. 그래서 주 소비 계층인 20~30대를 타깃으로 잡고, '감성 디자인의 초슬림 제품'이란 차별화 콘셉트를 확정해, 모든 자원을 한곳에 집중했다. 통상적으로 상품 콘셉트가 나오면 실제 제품으로 구현이 잘 안 되는 경우가 많고, 관련 부서 간의 의견 충돌로 최종 제품이 애초의 구상과 다른 일이 잦았다. 그래서 디자인을 먼저 확정하고, 부품과 기능을 거기에 맞추는 역발상 방식으로 진행했다.

　이 과정에서 충전 단자 문제가 대두됐다. 충전 단자를 외부에 노출시키면, 제품이 두꺼워져 초슬림 디자인을 구현하기 어려웠다. 그래서 별도의 충전용 어댑터를 사용해야 했는데 이럴 경우 사용자의 편리성이 떨어져 고객의 불만을 살 우려가 있었다. 하지만 선택과 집중 차원에서 편리성을 포기하고, 과감히 충전용 어댑터를 별도로 제공하기로 했다. 출시 후 고객 반응도 그 정도의 불편은 개의치 않는 것으로 나타났다. 수신 감도 문제 역시 포기하고, 과감히 안테나를 제품 내부에 집어넣어 초슬림 디자인을 완성했다.

가장 중요한 제품의 이름은 감성 디자인에 맞게 초콜릿이라고 명명하고, 광고도 거기에 맞춰 밸런타인데이에 남자가 여자 친구에게 초콜릿폰을 선물하는 내용으로 제작했다. 초콜릿폰을 선물하면서 제품을 터치하면 버튼에 빨간 불이 들어오는 장면을 넣어, 사랑을 고백하는 선물에 수줍어하는 여자 친구의 마음을 제품의 감성적인 면과 연결시키며 세련되게 표현했다. 이처럼 상품 콘셉트와 제품 개발, 광고에 이르기까지 모든 자원을 집중해 한 방에 끝낸 결과 초콜릿폰은 10 밀리언셀러Ten Million Seller에 등극했고, 전 세계적으로 2,000여 만 대의 기록적인 판매 실적을 달성할 수 있었다.

한 방에 끝낼 기회를 놓치지 마라

한 방에 끝내는 전략은 비즈니스 접대에서도 필요하다. 해외 바이어 접대 시 의전에서 프레젠테이션, 식사뿐만 아니라 마지막 술자리까지 완전히 녹다운knockdown 시킬 수 있도록 특별하게 준비해야 한다. "한번 손에 쥔 것은 절대로 놓치지 않는다"는 자세로 평소에 준비한 100%에 50%의 노력을 더해 150%를 기본이라고 생각하고 접대하는 것이 중요하다.

한번은 미국의 모 가전업체 CEO를 접대하는 자리에서 폭탄주를 나눠 마신 적이 있었다. 미국에 돌아간 그가 나중에 감사 메일을 보내 왔는데, 그날 평생 먹은 술보다 더 많은 술을 마셨다고 하면서 술 마신 이후에 6시간 동안 '메모리 스톱Memory Stop' 되었다고 적었다. 우리 나라에서 '필름이 끊겼다'고 표현하는 것을 영어권에서는 '메모리 스톱'이라고 한다는 것을 그때 처음 알게 되었다.

또 한번은 호주 바이어를 대상으로 접대한 적이 있었다. 점심 식사 후에 근처 절에 들러 산책도 하고, 내 돈을 시주한 다음 불상 앞에서 함께 삼배하고 나오면서, "시주하고 불공을 드리면 비즈니스가 잘됩니다"라고 말했다. 그러자 그가 "내 비즈니스가 잘되게 하는 데 왜 부회장님이 돈을 내십니까?" 하면서 시주한 돈을 다시 돌려주었다. 그래서 그 돈으로 염주를 사서 선물로 주면서, 돌아가는 비행기 안에서 무료할 때 돌리면서 기도하면 좋을 일이 생길 것이라고 말했다. 그랬더니 그 호주 바이어가 너무 고맙다면서 감동했다.

이처럼 접대도 비즈니스 업무의 연장이라고 생각하고 상대를 감동시키기 위해 모든 역량을 한 방에 집중해 확실히 끝내려는 자세가 필요하다.

'선택과 집중'이란 말은 이제 흔한 말이 됐다. 실제로 사람이든 기업이든 모든 분야에서 좋은 실적을 내기란 거의 불가능하다. 그럴 때는 가장 최선의 것을 선택해, 모든 자원과 에너지를 투여하는 '한 방에 끝내는' 전략이 높은 성과를 이룰 수 있게 하는 유효한 전략이 될 수 있을 것이다.

03

조직을 파괴하라

조직에 긴장감을 불어넣어라

시시각각 급변하는 비즈니스의 세계는 계곡의 급류와도 같다. 기업은 이 험난한 급류를 헤쳐 나가야 하는 보트라 할 수 있다. 보트는 언제 어느 방향으로 향하게 될지, 또 언제 여울을 만나 뒤집힐지 예상할 수 없다. 그렇다면 보트의 팀은 어떻게 짜야 할까? 선수, 후미, 허리 따로 정해 각자 맡은 역할만 해도 괜찮을까? 만약 팀원들이 각자의 역할을 고집하며 자기 자리만 지킨다면 보트는 급변하는 계곡의 상황에 대처하지 못하고 쉽게 뒤집히고 말 것이다.

반면 보트의 팀원 전체가 선수와 후미, 허리 역할을 모두 맡을 수 있다면 위기 상황이 닥쳐도 스스로 생각하고 행동할 수 있다. 팀원 모두가 주체적으로 판단하고 상황별로 대처한다면, 아무리 급류가 요동

치더라도 잘 적응하며 목적지까지 안전하게 도착할 것이다. 급변하는 비즈니스 환경에서도 이와 마찬가지로 조직을 파괴하는 일이 목적지에 도달하는 가장 안전한 방법일 수 있다.

혹자는 "조직을 파괴하라"는 제목만 보고 "자리를 없애는 게 아닌가?" 생각하며 거부감을 가질지도 모르겠다. 하지만 절대 그렇지 않다. 사실 내가 상시적으로 하는 조직 파괴는 GE에서 벤치마킹한 것이다. GE는 매년 평가 하위 인원 5~10%를 퇴출시키는데, 나 역시 비율은 다르지만 유사한 방식으로 하위 인원을 퇴출시켜 다른 회사나 다른 자리로 보냈다. 왜냐하면 "죽은 고목에는 새싹이 돋을 수 없다"는 말처럼 무능한 상사를 퇴출시키지 않고 그대로 둔다면, 유능한 인재가 자라날 수 없기 때문이다. 조직에 무능한 상사가 버티고 있으면 부하 직원이 아무리 참신한 아이디어를 내도 반영이 안 되는 경우가 많아 실행되기 힘들고, 이로 말미암아 권위주의가 팽배한 조직문화가 될 가능성이 높다. 실제로, 유능한 직원을 스카우트해서 중요한 보직에 앉힌 적이 있는데 직속 상사가 큰 걸림돌이 되어 퇴사한 사례도 있었다. 조직이 무사안일주의와 매너리즘에 빠져 죽은 고목을 제때 쳐내지 못한다면, 결국 그 조직의 미래는 어두울 수밖에 없다.

조직 슬림화와 TDR 혁신 활동

창원공장에서 했던 조직 파괴는 크게 2가지 측면에서 이루어졌다.

우선 방만한 조직을 슬림화하는 데 중점을 두었다. 과거 권위주의 시대에는 회사의 계층 구조가 복잡했다. 창원공장도 계장, 과장, 부장, 공장장, 사업부장의 5단계 구조였다. 그러던 것을 계장, 팀장, 사업부장의 3단계로 축소해 결재 라인을 단순화하자 의사 결정 과정이 단순해지면서 업무 추진도 빨라졌다.

그다음에는 조직 슬림화 과정에서 빠져 나온 다양한 부서의 직원들로 팀을 만들어 과제를 실행하게 하는 TDR 활동을 시작했다. 처음에는 직원들 사이에 "찍혔구나" 하는 인식이 있었지만, 그들에게 성취도에 따라 보상을 약속하는 강한 동기부여를 하자, 짧은 기간 내에 자신의 역량을 쏟아부어 대부분의 과제에서 탁월한 성과를 만들어냈다. 그런 팀에는 약속대로 파격적인 보상을 했고, 다시 현업에 돌아가 일하도록 보직을 부여했다. 그런 다음 기존 조직에 있던 사람들도 과제별 TDR 활동을 돌아가며 실시했다. TDR 팀에서 탁월한 성과를 냈던 직원 중에는 그 분야의 일인자가 된 사람이 많았다. TDR 활동의 결과로 직원을 퇴출시키는 일은 없었다. 그래야 직원들이 도전의식을 갖고 혁신 활동에 동참할 수 있었기 때문이다.

부서 간의 장벽을 넘어 활발한 혁신 활동을 벌인 TDR 팀은 다양한 성과를 창출하며 막강한 위력을 과시했다. 세계적인 가전업체로 발돋움한 계기가 된 히트상품의 아이디어를 떠올린 것도, 제품 원가를 30% 이상 절감하는 방안을 만든 것도 TDR 팀의 혁신 활동 덕분이었다.

조직 파괴는 한전에 와서도 계속되었다. 1직급과 2직급을 1직급으로 통합해 직급체계를 단순화하고 직급과 직위를 분리해 개인의 능력에 따라 보직을 부여받을 수 있도록 했다. 고위직 등용에 경쟁 방식을 도입하자 조직의 유연성이 살아났고, 효율적인 인력 운영이 가능해졌으며, 보직을 놓고 치열하게 경쟁하는 과정에서 성과 창출에 기여하는 효과도 낳았다.

인사 제도의 경우도 4,500개 전 간부 직위에 공개경쟁 보직제를 실시했고, 직군과 직급을 파괴한 전방위 보직을 확대했으며, 보직 경쟁에서 탈락한 사람들에게 리프레시Refresh 교육과 삼진아웃제 등을 실시했다. 이로써 전 조직에 걸쳐 능력과 업적에 따른 경쟁 시스템을 구축했다.

일상적인 조직 파괴 활동

조직 파괴의 일환으로 보고를 할 때도 이메일 보고를 선호했다. 보통 기업에서는 상사에게 눈도장 찍는 차원에서 대면 보고를 선호하는 경향이 있다. 그러나 대면 보고가 실제 성과에 도움 되지 않는 불필요한 관례라고 생각해, 업무를 지연시킬 수 있는 과도한 대면 보고를 경계했다.

조직 파괴 사례에서 한전의 TDR 활동을 빼놓을 수 없다. 한전의 직원들은 잠재 능력이 뛰어난 우수한 인재인데도 각 부서별로 기능화되어 배치되는 바람에 그 능력을 충분히 발휘하지 못하고 있다. 그래서 다양한 부서에서 뽑은 정예요원들로 TDR 팀을 구성해 혁신 활동을 진행하고 있다. 2009년 한 해만 해도 100여 개의 TDR 과제를 수행하며 4,000억 원 이상의 원가를 절감할 수 있었다.

조직은 위계적으로 구성하지 않고, 기능적으로 결합해야 한다. 조직의 리더는 직급과 상관없이 리더의 자질과 특성을 가진 사람이어야 하며, 조직의 구성원도 리더와 조화를 이루며 전문성을 발휘할 수 있는 사람이어야 한다. 조직 자체가 불필요한 것은 아니다. 경직되고 방만한 조직이 파괴되어야 한다. 그러므로 조직의 파괴는 조직의 플랫Flat화, 능력 중시, 직급 파괴의 세 방향에서 끊임없이 지속되어야 할 것이다.

04

실천하는 것이 힘이다

실행력을 높여라

철학자 프랜시스 베이컨은 다음과 같이 말했다.

"아는 것이 힘이다."

옳은 말이다. 그러나 이 문장을 완벽하게 만들려면 단어 하나를 더 넣어야 한다.

"아는 것을 실천해야 힘이다."

실천하지 않는 앎은 진정한 배움이 아니다. 성공의 원리는 이처럼 간단하다.

위의 이야기는 《마시멜로 이야기 Don't Eat the Marchmallow... Yet!》에 나오는

일화다. 여기서 볼 수 있는 것처럼, 이제는 알기만 하고 실천하지 않으면 아무 소용이 없다. 지식이 현장에 접목되어 실행되어야만 비로소 성과가 나타나기 때문이다. 나 역시 직원들에게 백 번 듣고 보는 것보다 한 번 실천하는 것이 더 낫다는 '백문백견 불여일행百聞百見 不如一行'의 자세를 강조하고 있다.

회사에서 생기는 여러 가지 문제의 원인도 알고 보면 실천이 부족한 탓이다. 경영자는 무엇보다 실행력을 높여 '노잉 두잉 갭Knowing-Doing Gap'을 줄여야 한다. 하버드 경영대학원의 램 차란Ram Charan의 의견도 같은 맥락이다. 그는 독창적인 경영전략 개발은 쉽지 않은 일이지만, 그 전략을 실행하는 것은 더욱 어렵다고 말했다. 모름지기 전략은 실행되기 전까지는 비밀이지만, 실행하는 순간 곧바로 노출되기 때문에 모든 경쟁자들이 복제할 수 있다. 결국 경쟁자가 쉽게 모방할 수 없는 실행력이야말로 진정한 경쟁력이란 주장이다. 그에 따르면 가장 효율적인 성공 방법은 '전략은 간단하게, 그러나 실행은 제대로' 하는 것이다.

제프리 페퍼Jeffrey Pfeffer와 로버트 서튼Robert Sutton이 함께 쓴《생각의 속도로 실행하라 The Knowing-Doing Gap》에 따르면 대부분의 사람들은 일에 대해 계획하고 그에 따른 자료를 수집하고 분석하는 것만으로 이미 일이 성취됐다고 착각하는 경향이 있다고 한다. 유명한 CEO의 강연을 듣거나 이름난 동기부여가의 책을 읽는 것만으로도 할 일을 다한 것처럼 생각한다는 말이다. 현실에서는 아무런 변화가 없는데도 그렇다. 그래서 도요타에는 이런 말이 있다.

"사전에 아무리 충분히 검토했다 해도 실행하고 나면 결국 문제는 발생한다. 그래서 우리는 우선 실행하고 문제점을 보완한다."

노잉 두잉 갭을 줄이는 방법

어느 분야든 그 분야의 지식이 부족해 문제가 생긴 경우는 찾아보기 힘들다. 대부분의 문제는 그 분야의 지식을 실천에 옮기지 못해 발생한 것이다. 그렇다면 지식과 실천 사이의 갭을 줄여 높은 성과를 이루기 위해서는 어떻게 실행해야 할까?

① 즉시 실행하라

히말라야에 사는 상상의 새 한고조寒苦鳥는 밤이 되어 추워지면 내일 낮에 꼭 둥지를 틀어야지 결심해놓고도, 다음날 낮이 되어 따뜻해지면 간밤의 추위를 잊고 게으름을 피우는 바람에 평생 둥지를 틀지 못한다는 이야기가 있다. 이러한 우를 범하지 않기 위해서는 그때그때 생기는 일을 즉시 처리하는 실행력을 키워야 한다.

실행력을 키우기 위해 나는 현장 경영을 일관되게 몸소 실천하고 있다. 특히 TDR 팀을 수시로 방문해, 제기된 문제를 미루지 않고 그 자리에서 즉각 해결할 수 있는 방안을 내놓아 실행하게 한다. 이처럼 중간 단계 없이 초고속으로 일을 결정하고 추진할 수 있는 것이 현장 경영의 장점이라 할 수 있다.

한전이 낭비 요소를 제거하기 위해 전사적으로 총력을 기울이고 있을 때 바다와 인접한 지역의 사업소를 방문한 적이 있다. 현장 엔지니어가 소금기가 잔뜩 묻은 주상 변압기를 뜯고 있었는데, 한눈에 봐도 바닷바람에 실려 온 소금기가 주상 변압기에 안 좋은 영향을 미칠 거라는 생각이 들었다. 그에게 주상 변압기의 교체 주기가 얼마나 되는지 물었더니, 13년이라고 대답했다. 주상 변압기의 교체 주기가 모두 일률적으로 적용되느냐고 물었더니 모든 주상 변압기가 어디에 있든 상관없이 똑같이 13년으로 정해져 있다는 대답이 돌아왔다. 바닷가 같은 안 좋은 상황에서 13년을 버틸 수 있다면, 더 좋은 환경에 놓인 주상 변압기는 더 오랜 시간을 버틸 수 있을 거란 생각이 들었다. 그래서 당장 연구원에게 폐 변압기에 대한 분석을 지시했고, 조사 결과 역시 큰 차이가 났다. 즉시 TDR 팀을 구성해 13년이던 기존 변압기 교체 주기를 없애고, 건전도에 따라 변압기 사용 기간을 더 늘릴 수 있는 방안을 마련해 약 241억 원의 원가를 절감할 수 있었다.

② 끈기 있게 실행하라

아메리카 인디언이 기우제를 지내면 반드시 비가 오는 이유는 뭘까? 그들에게 초인적인 능력이 있어서일까? 아니다. 그들은 단지 비가 내릴 때까지 인내심을 갖고 기우제를 지낼 뿐이다. 말콤 글래드웰 Malcolm Gladwell은 어느 분야에서건 꾸준히 1만 시간을 투자하면 그 분야의 전문가가 된다는 '1만 시간 법칙'을 주장했다.

나는 입사 동기 중에서도 승진이 빠른 편이 아니었다. 그런데 어떻게 공채 출신으로는 최초로 CEO까지 오를 수 있었을까? 입사할 때만 해도 동기가 50여 명이었는데 결국 중간에 다 나가는 바람에 혼자만 남아서 CEO에 오를 수 있었던 게 아닐까 농담 삼아 말하곤 한다. 사실 CEO까지 오를 수 있었던 이유는 남의 눈치 보지 않고 오로지 끈기 있게 일에만 전념했기 때문이다. 상사에게 잘 보이려는 언행은 일체 하지 않았고, 대신 밤낮없이 새로운 기술 개발에 몰두했다.

1976년 냉장고 기반 기술을 개발할 때는 설날 연휴에도 집에 가지 않고, 신형 설비 위에서 밤을 새우면서 연구에 몰두했다. 수많은 시행착오 끝에 마침내 일본에서 들여온 우레탄 발포 최신 설비를 한국형으로 개조하는 데 성공했다. 그렇게 항상 모든 일을 끈기 있게 실행했고 그에 따라 수많은 성과를 얻었다. 그 성과를 내기까지 수많은 시행착오와 실패가 있었지만 좌절하지 않고 끊임없이 재도전했다.

내가 가장 싫어하는 말은 "알고 있었습니다"이다. 알고는 있는데 실행에 옮기지 않았다는 말이다. 알면서 고치지 않는 것보다 "미처 몰랐습니다"라고 말하는 게 차라리 낫다. 자기가 알고 있는 지식을 제대로 활용하지 못한다면 아무 소용이 없다. 그러므로 실행을 두려워하지 말고 잘못된 것을 발견하면 먼저 고칠 줄 알아야 한다. 그리고 남에게 자신의 지식을 알리는 것을 겁내지 말아야 한다. 자기가 모르는 것도 많이 보고 묻고 실행해보면서 적극적으로 일에 임해야 한다. 그렇게 공부하는 자세로 일해야 리더로 성장할 수 있다.

《실행에 집중하라Execution》에서 래리 보시디Larry Bossidy는 경영 지식을 실제 성과로 이끌어내는 실천 능력을 강조하고 있다. 그러면서 GE와 제록스의 예를 들었다. 그는 두 기업의 CEO가 똑같이 통찰력을 가지고 있었지만, GE는 성공을 거뒀고, 제록스는 난관에 빠졌다면서 그런 차이가 발생한 원인을 실행력에서 찾았다. 그는 실행의 의미를 이해하기 위해서는 다음 3가지를 기억하라고 강조했다.

실행은 하나의 체계이며 전략의 일부분이다.
실행은 비즈니스 리더가 맡은 중요한 책임이다.
실행은 기업문화의 핵심에 자리해야 한다.

이처럼 실행력은 혁신에 있어 가장 중요한 덕목임을 알 수 있다. 사소한 것부터 미루는 습관을 고치고 남보다 더 빨리 실천하려는 태도로 모든 일에 임한다면, 훨씬 더 나은 결과를 가져올 수 있을 것이다. 특히 리더는 남들보다 많이 알아야 하고, 자기가 알고 있는 것을 먼저 실행하고 남에게 전파하려는 자세로 일해야 한다.

05

'No' 없는 도전

'안 된다'는 생각을 버려라

"아무래도 안 될 것 같습니다."

"이 일은 현실적으로 절대 불가능합니다."

지금은 안 그렇지만 지난 1980년대에만 해도 경영진에서 의욕적으로 새로운 일을 추진하려고 하면 실무진에서 이런 부정적인 견해를 내놓는 일이 많았다. 이렇게 미리 말해둬야 나중에 본인이 일을 추진하다 실패하더라도 그 책임을 면할 수 있다고 생각했기 때문이다. 과거에는 이런 부정적인 문화가 도처에 퍼져 있었다. 이런 문제의 원인은 리더에게도 책임이 있다. 리더가 직원과 신뢰를 쌓아야 직원들도 리더가 어떤 일을 추진할 때 해볼 만하다고 생각하면서 리더를 잘 따르기 때문이다. 리더와 신뢰가 형성되지 않으면 직원들은 주어진 일에 대해 확신을 갖지 못한다.

이제는 어려운 과제가 주어지더라도 '안 된다'는 생각부터 버려야한다. 부정적인 생각은 자신감과 열정, 창의성을 저해하여 결과적으로 성공 가능성을 떨어뜨리기 때문이다. 오히려 안 되는 이유를 찾는시간에 될 수 있는 방법을 찾는 것이 훨씬 생산적이다.

우리 속담에 시작이 반이라는 말이 있다. 긍정적인 사람은 시작부터 이미 50%를 이룬 것이므로 여기에 50%만 노력해서 추가한다면100%의 성과를 이룰 수 있다. 하지만 부정적인 사람은 시작부터-50%에서 시작하므로 아무리 100%의 노력을 하더라도 결국 50%의성과밖에 내지 못한다.

긍정적으로 사고하라

긍정적인 사고방식을 갖기 위해서는 긍정적인 이미지를 그려야 한다. 자신의 꿈을 머릿속에 구체적인 이미지로 떠올릴 수 있다면, 그꿈은 막연한 상상에 그치지 않고 꿈을 실현하는 힘이 될 수 있다. 조엘 오스틴Joel Osteen은《긍정의 힘Your Best Life Now》에서 이렇게 말한다.

"마음에 품는 것은 마음속에 원하는 삶의 이미지를 그리는 것이다.우리는 여기서 멈추지 말고 이 이미지를 자신의 일부로 삼아야 한다.패배와 실패의 이미지를 그리는 사람은 실패자의 인생을 살게 된다.그러나 승리와 성공, 풍요로움, 기쁨, 평화, 행복의 이미지를 떠올리는사람은 아무리 큰 장애물이 있더라도 반드시 그런 인생을 살게 된다."

에디슨은 세계 최고의 발명가이기 전에 세계 최고 수준의 긍정적인 사고를 가진 사람이었다. 그가 남긴 "실패는 성공의 어머니다"라는 말을 모르는 사람은 없다. 이 말을 낳은 유명한 일화가 있다. 에디슨은 전구에 쓰일 필라멘트의 소재를 발견하기까지 무려 6,000번이나 실패를 거듭했다고 한다. 한 기자가 그때 기분이 어땠느냐고 묻자 그는 이렇게 대답했다. "나는 6,000번 실패한 게 아닙니다. 6,000개의 맞지 않은 필라멘트를 발견한 것입니다." 이처럼 그는 수많은 실패에도 불구하고 계속 도전하는 긍정적인 마인드를 갖고 있었다. 보통의 발명가는 100번, 많아야 1,000번 정도 도전하다 실패하면 모든 것을 포기한다.

불가능은 없다

2009년 한전이 UAE 원전 수주 입찰을 진행할 때의 일이다. 당시 미국 웨스팅하우스는 "당신들은 해낼 수 없다. 두산중공업과 현대건설을 우리에게 넘겨라"라고 말하며 입찰을 준비하던 한전 팀을 흔들었다. 실제 웨스팅하우스는 두산중공업과 현대건설을 따로 접촉하기도 했다. 하지만 한전 팀은 흔들리지 않았고 두 회사와 함께 단일팀으로 남았다. 그해 5월 입찰 자격을 3개사로 압축했을 때 한전 팀은 그 안에 포함되었고, 웨스팅하우스는 탈락했다.

이후 세계의 원전 전문가들은 프랑스 아레바 60%, GE-히타치 컨소시엄 30%로 수주 가능성을 점쳤다. 한전 팀이 수주할 가능성은 겨우 10% 정도였다. 하지만 결과적으로 한전 팀의 승리라는 기막힌 반전을 이루어냈다.

당시 UAE 원자력공사는 사업자 선정 이유를 이렇게 밝혔다.

"한전KEPCO이 지난 30년간 원전 건설을 통해 축적한 풍부한 경험과 우수한 운영 실적, 완벽한 원전 인프라 구축, 월등한 경쟁력, 탁월한 사업 수행 능력 등에 깊은 감명을 받았으며, 한국에서의 성공적인 원전 운영을 통해 얻은 지식과 경험을 UAE에 전수해줄 수 있다는 확신이 들었다."

어떻게 이런 결과를 낳았을까? 나는 LG전자 시절 이미 초콜릿폰을 위시한 블랙라벨 시리즈를 전 세계에 2,000만 대 이상 판매하는 세계적인 성과를 거둔 경험이 있다. 당시 어느 누구도 LG 휴대폰이 그런 대성공을 거둘 거라고 짐작하지 못했다. 하지만 불가능은 없다는 도전적인 자세로 일을 밀어붙여 결국 누구도 예상치 못한 최고의 성과를 거둘 수 있었다. UAE 원전 수주 입찰 경쟁 때도 마찬가지로 "We can do it"이라는 믿음으로 최선의 노력을 기울였고, 마침내 꿈을 실현할 수 있었다.

긍정적으로 사고하는 방법

수십 년간 일선에서 경영을 해오는 동안 많은 기업이 생기고 또 사라져갔다. 기업을 운영하다 보면 많은 위기에 부딪히게 된다. 나는 위기를 극복하고 살아남은 기업과 사라진 기업과의 차이는 무엇일까 고민했다. 그 결과 한계능력이라는 고정관념에 사로잡힌 경영자는 그 한계치까지 도전하고 나서 안 되면 자포자기했고, 이에 반해 한계능력이라는 고정관념에서 탈피해 성공할 때까지 끊임없이 도전했던 기업은 살아남았다는 사실을 깨달을 수 있었다. 그렇다면 이와 같은 'No' 없는 긍정적인 사고방식을 가지려면 어떻게 해야 할까?

① 도전적인 일을 통해 성공 체험을 많이 만들어야 한다

선배들의 성공 체험이 쌓이면 후배들은 저절로 긍정적인 마인드를 가지기 마련이다. 만약 한 팀이 성공 확률 5%의 일을 성공시켰다고 하자. 그러면 이로 인해 회사의 구성원 전체가 성공에 대한 동기를 부여받게 된다. 아무리 어려운 일이 주어져도 "We can do it"이라는 사고방식을 가질 수 있다.

② 일을 추진하다가 실패하더라도 문책은 자제해야 한다

최선을 다해 일을 추진하다 실패한 사람에게는 격려를 아끼지 말아야 한다. 그래야 위험을 무릅쓰고, 도전적인 목표를 이루기 위해 노력하는 문화가 자리 잡는다. 《칭찬은 고래도 춤추게 한다You Excellent!》처럼, 사람도 칭찬을 해주면 더욱 분발하고 일을 더 잘 해낼 수 있다. 하지만 실패한다고 문책을 하면, 창의적인 아이디어와 혁신적인 업무 성과를 더는 기대할 수 없다.

③ 리더는 관심을 꾸준히 갖고 중간 중간 확인하며 지원해야 한다

나는 UAE 원전 수주를 목표로 만들어진 '워룸War Room'을 자주 방문해 진행 상황을 체크하면서 직원들과 격의 없는 대화를 나누었다. 이와 함께 직원들이 필요로 하는 음식과 운동 기구, 수면 시설 등 모든 제반 시설을 전폭적으로 지원해주었다. '워룸' 팀은 리더의 관심과 지원에 UAE 원전 수주라는 쾌거로 보답해주었다.

세계 4대 토너먼트인 전미 오픈, 전미 프로, 마스터스, 전영 오픈을 석권한 골프의 제왕 잭 니클라우스Jack Nicklaus는 성공의 비결을 이렇게 말했다.

"나는 이길 수 있다는 믿음을 버린 적이 한 번도 없지만, 그 믿음이 항상 우승을 가져다주지는 않았다. 믿음이 한 일은 나를 항상 물러나지 않게 한 것이었다."

부정적인 사고방식으로는 절대 성공할 수 없다. 된다고 생각하고 도전하면 절대 실패하지 않는다는 사실을 기억하기 바란다.

06

나 아닌 우리

잘되면 내 덕, 안되면 우리 탓?

세 명이 걸어가고 있었다. 앞서 가던 사람이 떨어져 있는 지갑을 발견하고 냉큼 주웠다. 그러고는 이렇게 말했다.

"내 거다."

그런데 한참 가고 있으려니 뒤에서 "도둑이야" 하고 누군가 쫓아왔다. 지갑의 주인이었다. 그러자 지갑을 주웠던 사람이 말했다.

"우리 잡으러 오는구나."

이 이야기는 '우리' 문화의 실체를 잘 보여주고 있다. 잘되면 내 덕이고 안되면 우리 탓으로 돌리는 문화가 주위에 팽배해 있다. "내가 아니면 이 회사는 안 된다."　"이번 첨단 제품 개발은 내가 없으면 불가능하다." 이런 개인주의적인 사고는 팀워크를 방해하여 혁신의 걸림돌로 작용한다. 개인의 창의적인 역량은 팀워크로 승화해야만 의미가 있다.

냉장고 설계만 15년을 한 나는 이 일만큼은 그 누구보다 많이 알고 있다고 자신한다. 하지만 그렇다고 다른 동료와 다르다는 특권의식을 가져본 적은 없다. 항상 내가 속한 팀이나, 회사의 성과를 위해 다른 동료들과 합심하고자 노력했다.

오리형 직원과 독수리형 직원

직원은 크게 오리형과 독수리형으로 구분할 수 있다. 오리형은 아무리 잘나봤자 호수 안에서만 꽥꽥거릴 뿐이다. 이에 반해 독수리형은 창공을 날면서 큰 세상을 보고 살아간다. 오리형은 잘한 것은 자기가 한 것이고, 못한 것은 남 탓을 하며, 문제가 생기면 남에게 미루거나 상사에게 떠넘긴다. 반면 독수리형은 자기가 알아서 하는 것은 물론 절대 남을 탓하지도, 미루지도 않고 조직을 위해 솔선수범한다. 독수리형 직원이 많아야 직원 간에 더욱 단합이 잘되고 회사도 더 높은 성과를 창출할 수 있다.

미국의 어느 유명한 교수가 사우스웨스트 항공편을 이용해 지방 세미나에 가기 위해 공항에 도착했다. 탑승권을 받아야 하는데, 깜빡하고 신분증을 가져오지 않는 바람에 문제가 생겼다. 이 교수는 기지를 발휘해 유명한 미식축구 감독과 자신이 공저한 책을 카운터에 보여주었다. 책의 표지에는 자신의 사진도 실려 있었다. 유명인사라는 신분을 이용해 탑승수속을 밟으려고 한 것이다. 그러자 그 책 표지를 본 직원은 "교수님은 비즈니스 좌석에 타셔야 하는데 우리 비행기에는 비즈니스 좌석이 없습니다"라며 앞장서서 보안검사까지 안내해주었다. 바로 이렇게 문제가 생기면 스스로 판단하고 해결할 줄 아는 직원이 독수리형 직원의 전형이다. 만약 교수가 오리형 직원을 만났다면, "안 됩니다. 신분증이 있어야 가능합니다"라는 대답을 들었을 것이다.

집단지성이 더 높은 성과를 올린다

미국은 소수의 천재가 기업을 이끄는 사회다. 마이크로소프트의 빌 게이츠처럼 한 명의 천재가 등장하면 곧 세계적인 IT기업이 탄생한다. 그에 비해 일본은 집단의 천재가 기업을 이끌어가는 사회다. 소수의 천재보다는 다수의 천재가 유기적으로 결합해 기업을 리드해나간다. 우리나라는 일본처럼 다수의 천재가 회사를 이끄는 사회다. 따라서 우리나라는 잘되고 못된 것을 막론하고 모두가 우리 팀의 성과라는 사고방식이 필요하다.

혁신도 마찬가지다. 혁신의 결과로 높은 성과를 거두기 위해서는 우리 모두의 협력이 필수적이다. 그러기 위해서는 혁신의 성과물이 '우리' 것이라는 공감대가 형성되어야 한다. 모든 조직의 성과는 기여도에 따라 나누고, 그 책임은 리더가 져야 한다. 그런 점에서 리더는 팀 단위로 성과급을 제공하는 것이 바람직하다. 그래야 팀원들이 '우리'라는 의식을 더욱 굳게 가질 수 있기 때문이다.

'집단지성集團知性'이라는 말이 있다. 이것은 '다수의 개체들이 서로 협력하거나 경쟁해서 만들어낸 지적 능력의 결과로 얻어진 집단적 능력'을 말한다. 이 개념은 개미들의 공동체에서 나온 말이다. 개미 하나하나는 하찮고 별것 아닌 존재다. 그러나 개미들은 '우리'를 이루어 거대한 개미집을 만들어낸다. 이 과정에서 개미 하나하나의 존재는 사라지는 대신 '개미 공동체'가 작동하며, 그 결과 하나의 높은 지능 체계를 만들어낸다.

이와 같은 집단지성이 발휘되는 예는 다양한 부서의 직원들로 TDR 팀을 구성했을 때 쉽게 알 수 있다. 각기 다른 부서에 있을 때는 고스란히 사장되었을 직원들의 능력이 TDR 팀을 구성하면 엄청난 성과를 내놓는다. 혼자서는 건너지 못할 강을 우리가 함께하면 건널 수 있다. 따라서 '나' 아닌 '우리'는 단지 '1+1=2'가 아니라 '1+1=3'도 되고 5, 7, 그 이상도 될 수 있다.

'우리' 문화를 만드는 리더의 역할

'나' 아닌 '우리' 문화를 만들기 위해서는 리더의 역할이 매우 중요하다. 일회성 슬로건으로 아무리 '우리'라고 외쳐봐야 소용없다. 기본적으로 조직문화의 차원에서 개인주의를 청산하고 '우리'라는 의식이 머릿속에 자리 잡을 수 있도록 해야 한다. 그래야 '나' 아닌 '우리' 문화가 만들어진다. 리더의 입장에서 '우리' 문화를 만들기 위해서는 다음 3가지 사항에 유념해야 한다.

① 성취해야 할 목표가 분명해야 한다

목표는 수치화, 계량화되어야 한다. 막연한 목표가 세워지면 그만큼 직원들의 긴장이 풀어지고 생산성도 오르지 않는다. 내 경우에도 LG 전자 시절 3년에 3배로 성장하는 3BY3 운동을 벌였고, 글로벌 TOP3 브랜드를 목표로 삼았다. 한전에 와서도 글로벌 TOP5를 목표로 내세 웠다. 이 목표는 '비전 선포'를 통해 시기별, 사업부별로 체계적으로 구체화되며, 뚜렷하게 세워진 목표는 직원들을 더욱 단합하게 한다.

② 의사소통이 잘 이루어져야 한다

훌륭한 성과를 내기 위해서는 많은 사람들의 의견과 아이디어가 필요하다. 하지만 상대의 의견이 나와 다르다고 해서 받아들여지지 않는다면, 성과는커녕 외골수로 빠져드는 우를 범하기 쉽다. 특히 요즘 젊은 세대는 어디서나 자신의 생각을 피력하는 데 주저함이 없기 때문에 단지 윗사람이라는 이유로 아랫사람의 의견을 무시하다가는 제대로 된 의사소통은 어려워질 수밖에 없다.

그래서 혁신 워크숍, 계층별 간담회, TDR 현장 미팅처럼 직원들과 허심탄회하게 의견을 주고받는 자리를 자주 마련한다. 경영자는 권위주의 의식을 버리고 직원들의 다양한 의견을 경청하려는 자세를 가져야 한다.

③ 내부의 벽을 허물어야 한다

유능한 직원들이 많은데 이상하게도 회사의 성과가 저조한 경우가 있다. 이것은 과열된 경쟁으로 인해 부서 간에 원활한 네트워크가 이루어지지 못하기 때문이다. 기업의 낭비 요소 가운데 눈에 보이지 않지만 엄청난 비중을 차지하는 게 바로 '부서 이기주의'이다. 그러므로 이를 극복하기 위해서는 역지사지易地思之의 자세로 생각하고, 상호 존중하는 문화를 만들어 부서 간의 단합을 이끌어내야 한다.

전 세계 경제를 좌지우지할 정도로 막강한 위력을 행사하는 유대인들은 각 분야에서 세계 최고 수준에 이를 정도로 특출한 인재들이다. 현재 그들은 전 세계 곳곳에 흩어져 살아가고 있다. 하지만 자기 나라가 위급한 상황에 처하면 하던 일을 중지하고 보따리를 싸서 조국으로 향한다. 유대인을 '나' 아닌 '우리(민족)'로 만든 것은 수천 년간 이어져온 '우리'라는 문화가 있기에 가능했다. '우리' 문화는 하루아침에 만들어지지 않는다는 것을 잊지 말아야 할 것이다.

07

자원유한 지무한

어느 연수생의 선견지명

青山碧水 錦河山　청산벽수 금하산

氣貫長虹 在昌源　기관장홍 재창원

震天動地 3By3　　진천동지 3By3

資源有限 智無限　자원유한 지무한

푸른 산과 맑은 물 눈부신 강산에,

무지개를 꿰뚫을 듯 창원의 정기가 드높구나.

3By3 운동의 기세는 천하를 뒤흔드는데,

자원은 유한하고 지혜는 끝이 없네.

1995년 LG전자가 중국에 진출할 때 북경 지주회사의 대졸 신입사원 20명이 한국에 연수를 왔다. 창원에서 1주일간 혁신학교 교육을 받고 마지막 날 간담회를 가졌다. 이때 북경대학 출신의 연수생이 직접 지은 이 사행시를 전달해주었다. 그때는 이 시에 별다른 관심을 갖지 않고 그냥 보관해두었다.

그 후 2000년 창원 사업장의 매출을 평가해보니 1990년도에 8,000억 원이던 것이 무려 5배인 4조 원 이상 성장한 것을 확인할 수 있었다. 공장을 확장한 것도 아니고, 오히려 인원은 30%를 줄였는데 매출은 5배가 늘어난 것이다. 그제야 이 사행시를 떠올리고 다시 꺼내 음미해보게 되었다. 당시 그 연수생은 교육을 무사히 마친 후 이 사업장의 미래를 조심스럽게 예측하는 시를 남기지 않았나 하는 생각이 들었다. 남들이 사양 산업이라며 부정적으로 전망하던 가전산업의 매출을 다섯 배나 향상시킬 수 있었던 것은 그 연수생의 시구대로 하늘과 땅을 뒤흔든 3BY3 운동 때문에 가능하지 않았나 생각한다. 창원에서 생산된 가전제품이 세계 곳곳에 팔려나가 세상을 뒤흔든 것도 아마 그 때문이었으리라 짐작해본다.

이런 계기로 '資源有限 智無限'을 전 사업장의 생활 철학으로 삼게 되었다. 전 사원은 벽에 붙어 있는 이 사행시를 보고 새로운 하루를 시작하는 각오를 다지고 있다. 사실 '자원유한'이란 말처럼 공장 건물과 설비가 확대된다고 해서 마냥 좋은 것만은 아니다. 그렇게 바꾼다고 반드시 매출 상승으로 연결되지는 않기 때문이다. 중요한 것은 꼭 해내고 말겠다는 '지무한'의 도전적인 사고방식이 아닐까 생각해본다.

무한대의 능력을 발휘하기 위해 노력하라

원래 우리나라는 물적 자원은 부족하고 인적 자원은 넘쳐나는 나라다. 결국 우리 기업이 믿고 의지할 것은 인적 자원의 무한한 잠재력밖에 없다. 기업의 사활은 외적인 환경이 아니라 인적 자원이 발휘할 무한대의 능력에 달려 있는 것이다. 다행히 우리나라 사람은 IQ가 높을 뿐만 아니라 전 세계적으로 부지런하기로 소문이 났다.

TDR 팀이 엄청난 성과를 내는 것을 지켜보면서 우리나라 국민의 우수성을 거듭 확인할 수 있었다. LG전자가 내놓았던 세계적인 혁신제품들은 TDR 팀의 손과 머리에서 만들어진 것이다.

27세에 3,000만 원으로 창업해 세계 100대 기업으로 성장시킨 교세라 그룹의 이나모리 가즈오稻盛和夫는 《카르마 경영》이란 책에서 자신이 일구어낸 놀라운 성과의 비결을 '인생(일)의 결과=사고방식×열의×능력'이라는 '인생의 방정식'으로 설명한다. 이 공식에 따르면, 능력이 90점인 사람이 30점의 열의를 가지고 노력을 하면 2,700점이고, 능력이 60점인 사람이 80점의 열의를 가지고 노력하면 4,800점이 된다고 했다. 여기서 중요한 항목이 바로 사고방식이다. 긍정적인 사람은 플러스하고 부정적인 사람은 마이너스하는 식이다. 따라서 플러스인 경우에는 성공하고 존경받는 훌륭한 사람이 되고, 마이너스의 경우는 사회적으로 지탄을 받는 사람이 된다고 설명한다.

진정한 인재는 꾸준한 노력으로 완성된다

이나모리 가즈오는 단지 능력 있는 인재를 중요시한 것이 아니라 능력이 없더라도 꾸준히 노력하는 인재를 중요시했다. 그는 또 재능 있는 인재는 재능 때문에 경솔하게 앞서가다 실수를 할 수도 있다고 했다. 자신이 창업한 교세라에도 재능 있는 인재는 도중에 그만뒀지만, 평범한 직원은 그대로 남아서 현재 간부가 되었다는 예를 들고 있다. 그는 또한 이렇게 말한다.

"그들과 같은 평범한 인재들이 비범하게 된 원인은 무엇일까? 그 이유는 바로 한 가지 일을 싫증내지 않고 묵묵히 노력하는 힘, 말하자면 오늘 하루를 열심히 살아가는 힘에 있다. 또한 그 하루를 쌓아가는 지속적인 힘이 원동력이다. 즉, 지속적인 힘이 평범함을 비범함으로 바꾸었다고 할 수 있다. 꿈을 현실로 바꾸고 생각을 성취하는 사람이란, 쉽고 편한 길을 택하기보다는 꾀부리지 않고 한걸음씩 성실하게 하루하루를 살아가는, 평범하지만 비범한 사람들이다."

이처럼 능력(재능)이 없더라도 하루하루 꾸준히 개선하고자 노력하는 사람이 진정한 인재다. 나는 이러한 인재를 '라이트 피플'이라고 부르고 있다. 어떤 사람은 탁월한 역량을 바탕으로 비범한 성과를 낸다. 이에 반해 역량은 다소 부족하지만 꾸준한 노력을 통해 탁월한 성과를 내는 사람이 있다. 내가 생각하기에 기업에서 중요한 역할을 하는 인재는 후자 같은 사람이라고 본다.

실제로, 오랫동안 경영 현장에서 '라이트 피플'이 많은 성과를 내는 것을 지켜봤다. 150미터 라인을 60~70미터로 줄이고, 하루 1,000개를 생산하던 라인에서 3,000개를 생산하고, 3년 만에 매출 수익을 3배나 향상시켰던 것은 '라이트 피플'이 있었기에 가능했다.

애플의 스티브 잡스는 말한다.

"혁신은 연구 개발비를 얼마나 들이느냐 하는 데서 나오지 않는다. 애플이 처음 매킨토시를 만들었을 때 IBM은 애플보다 100배나 많은 돈을 연구 개발비로 쏟아부었다. 문제는 돈이 아니다. 문제는 사람이고 그 사람들에게 무엇을 이끌어낼 것인가 하는 것이다."

이처럼 최선을 다해 노력할 때 자신이 가진 능력 이상의 것을 이끌어낼 수 있고, 그렇게 해야만 사회에서 필요로 하는 핵심 인재로 거듭날 수 있다는 것을 명심해야 한다.

08

Early Innovation

빠른 혁신만이 살 길이다

"경쟁자보다 먼저 실행하라."

"3년 후의 미래를 미리 내다보고 준비하자."

무슨 일이든 먼저 해야지 뒤늦게 해서는 아무런 소용이 없다. 이때 가장 먼저 해야 할 것이 바로 '혁신革新'이다. '혁신 전도사'라는 별명처럼 나는 강력하게 혁신 경영을 주창해왔고, 앞으로도 계속 혁신을 강조할 것이다.

그동안 나는 '혁신'이 집의 뼈대는 그대로 두고 나머지를 모두 바꾸는 것이라고 말해왔다. 기존의 것을 적당히 바꾸어놓은 것은 혁신이라고 말할 수 없다. 남보다 먼저 혁신을 제대로 준비해둬야 비즈니스 세계의 변화에 즉각적으로 대처할 수 있다. 경제위기 상황이 닥쳐도 살아남을 수 있고, 호경기에는 남들보다 몇 배의 매출을 올릴 수 있다.

국내 시장만으로 먹고 살던 1994년 무렵에는 가전 3사의 경쟁이 항상 치열했다. 이때 10% 가격 파괴 두 번으로 적자가 발생했다. 어려운 환경 속에서 노사 안정을 이끌어내고, 혁신을 통해 이익을 만들어내고 있다고 생각했는데, 적자가 발생하니 고민이 컸다. 해결책은 그동안 해왔던 '혁신'밖에 없다고 판단하고 지금보다 더 강도 높은 혁신을 하기로 했다.

당시 나는 인사고과 상위 5% 이내의 과장, 차장을 뽑아 전 비즈니스 조직이 참여하는 총체적인 새로운 혁신 프로그램을 만들라고 지시했다. 이렇게 해서 '3BY3', 즉 3년 내에 생산성과 이익의 3배 향상이라는 목표가 설정되었다. 이것은 단지 제품 생산성을 올리는 차원이 아니라 제품 개발, 생산, 마케팅 등 전 비즈니스 영역에서 총체적으로 생산성을 올리려는 전략이었다. 이와 함께 조직을 파괴해 팀제로 바꾸고 팀장을 3% 뽑아 TDR 활동을 시켰다. R&D, 생산, 물류 등 전방위에 걸쳐 혁신 과제가 실행되었다. 그 결과 물류의 경우 400억 원의 물류비에서 70억 원을 절감할 수 있었다.

IMF 위기를 극복한 원동력

1997년 IMF(국제통화기금) 위기가 닥치자 환율이 850원에서 1,600원으로 상승했다. 당시 우리나라 경제를 이끌던 많은 그룹들이 IMF의 영향으로 서서히 몰락의 길을 걷던 시절이었다. 그 원인은 여러 측면에서 분석이 가능하지만 그 가운데 하나가 방만한 사업 전개로 핵심 역량에 대한 집중 투자가 이뤄지지 못한 점을 들 수 있다. 특히 급변하는 시장 상황에 대비하기 위해 제품의 경쟁력을 강화하거나 신제품을 개발하는 경영전략이 부재했다.

이에 반해 LG전자는 한발 앞서 '3BY3' 운동을 통해 핵심 제품의 경쟁력을 높이는 것은 물론 신제품 개발에도 많이 투자했다. 구체적으로는 5S(정리, 정돈, 청소, 청결, 습관화), 눈으로 보는 관리, 3불ㅈ 추방(불합리, 불필요, 불균일), TDR, 6시그마 등의 혁신 활동을 펼쳤다.

당시 내수와 수출 제품의 비중은 8 대 2 정도로 수출 비중이 무척 낮았다. 그래서 수출을 늘리기 위한 활동을 적극적으로 전개했다. 사실 수출을 늘리는 것은 훨씬 더 어려웠기 때문에 몇십 개의 제품을 사가는 보따리 상인도 놓치지 않았다. 물량이 큰 바이어를 잡기 위해 까다로운 조건도 다 들어주면서 수출 거래선을 늘렸고, 동시에 수출 담당자를 해외에 파견 보내 수주 활동을 독려했다.

1998년이 되자 수출 물량이 넘쳐나기 시작했다. 휴일도 없이 매일 출근했고 밤늦게까지 근무하는 것도 다반사였다. 협력사도 엄청나게 바쁘게 움직였다. 한 달 순이익이 그 전년도 6개월 이익보다 많을 정도였다. 이렇게 IMF 위기를 극복하자 백색가전 부문의 글로벌 TOP3의 발판을 마련할 수 있었다. 당시 노조 간부가 "'3BY3 운동' 덕분에 살았습니다" 하고 말하던 게 아직도 기억이 난다.

사실 노조에서는 직원들이 혁신 활동으로 힘들어한다면서 강도를 조금만 낮춰달라고 요구했었다. 하지만 결과적으로 이러한 혁신 역량을 미리 준비했기 때문에 IMF 위기 때 다른 기업보다 더 많은 돈을 벌

수 있었고, 그 성과는 고스란히 직원들의 인센티브로 돌아갔다. 반면 다른 기업의 직원들은 작업 물량이 줄어 임금이 깎이고, 다니던 회사에서 해고되기도 했다. 이후 노조는 스스로 TDR 활동을 수행할 만큼 혁신 활동에 적극적으로 동참했고, 신제품이 출시되면 노조가 나서서 소비자들에게 홍보 활동을 전개할 정도로 긍정적인 사고로 바뀌었다.

한발 앞서 준비하라

비즈니스 세계에는 항상 위기가 있지만 기회도 있다. 혁신을 미리 해놓으면 위기가 닥쳐도 이를 쉽게 극복할 수 있다. LG전자가 글로벌 TOP3 회사가 될 수 있었던 것은 3BY3 운동을 하면서 먼저 혁신했기 때문이다.

"기업은 항상 위기가 오게 되어 있다. 준비된 자는 위기가 와도 오히려 살아남아서 다른 기업보다 더 많은 수익을 낸다"라고 나는 늘 강조한다.

남보다 한발 앞선 혁신 못지않게 중요한 게 있다. 남보다 한발 앞서려면 남보다 한발 앞선 미래 전략을 계획해야 한다. 나는 1년간의 일정을 항상 먼저 수행했다. 3월경에는 경영진과 3년 정도의 중장기 관점에서 사업과 기술 전략 측면의 컨센서스 미팅Consensus Meeting을 한다. 일반적으로 10~20년 정도의 앞일은 예측할 수 없지만, 3년 정도라면 앞일을 구체적으로 예측할 수 있다. 따라서 예측한 결과에 따라 미리 실행에 옮길 수 있다. 이 중 핵심 이슈는 TDR 팀을 구성해 미리 대비하고 있다. 예를 들어 시장 동향에서 경쟁사와 차별화된 기능의 제품이 필요하다고 결정되면, 미리 선행 기술을 확보해놓고 시장이 요구하는 때에 제품을 내놓는 전략이다. 많은 기업들은 실제 미리 대비하지 못하고, 준비를 소홀하게 하는 바람에 기회를 놓치는 경우가 허다하다.

8월경에는 당해연도 사업의 성과를 리뷰하는 것은 물론 차년도 사업 계획까지 확정한다. 많은 기업에서 당해연도 결산과 사업 성과를 시스템적으로 도출하지 못하는 경우가 많다. 이렇게 되면 내년이 되어서야 사업 계획을 확정하게 되므로 다른 경쟁사보다 그만큼 늦어지게 된다.

11월경에는 당해의 혁신 활동에 대해 '최선의 실천 사례Best Practice'를 공유하고, 그에 대해 포상한다. 또한 앞서 9월경에 세운 사업 계획을 달성하기 위한 혁신 계획을 수립하고 다음 해를 준비한다.

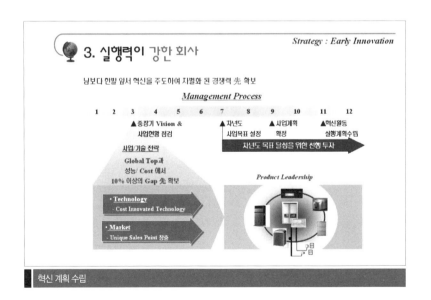

혁신 계획 수립

미리 외양간을 튼튼하게 만들어놓으면 소 잃고 외양간 고치는 일이 없다. 더 나아가 미리 우수한 무기를 만들어놓으면 전쟁이 날 때 쉽게 승리를 거둘 수 있다. 《손자병법孫子兵法》의 〈허실虛實〉편에서도 "먼저 전쟁터에 가서 적을 기다리는 군대는 편안하고 뒤늦게 전쟁터를 나서는 군대는 고생한다. 그러므로 전쟁을 잘하는 장군은 적을 끌고 다니지, 적의 의도에 끌려 다니지 않는다"라고 말한다.

이처럼 뭐든지 남보다 빨리 준비한다는 자세로 일하다가 때가 됐을 때 바로 실행할 수 있는 역량을 키워야 한다. 잘된다고 생각할 때일수록 위기가 찾아오기 쉬운 법이다. 그렇기 때문에 잘될 때일수록 남보다 빠르게 혁신해야 한다.

09

과수원 패러다임

프리미엄 제품으로 승부하라

전략 미팅을 하러 차를 타고 시골 길을 지나다 우연히 과수원을 보게 되었다. 차 안에서 '농부는 어떻게 농사를 지을까?' 하는 생각에 잠겼다. 과수원에는 1년의 사이클이 있다. 겨울에는 나무 밑에 땅을 파고 거름을 주고, 내년에 대비해 가지치기를 한다. 봄에 꽃이 피면 물과 각종 비료를 준다. 여름에는 고품질의 사과를 만들기 위해 솎아내기를 하고, 병충해 방지를 위해 약을 뿌린다. 가을이 되면 당도를 올리고 색깔을 좋게 하기 위해 햇볕을 많이 받도록 잎을 잘라준다. 추수를 하면 크기를 선별해 등급을 정한다. 이것이 농부의 1년간의 '사업 과정'이다. 여기까지는 어느 농부나 다 똑같다. 하지만 다음과 같이 농부에도 수준 차이가 있다.

저품질의 작은 사과 30개들이 한 박스를 5만 원에 파는 농부 A

고품질의 큰 사과 10개들이 한 박스를 10만 원에 파는 농부 B

두 사람 중 누가 더 남는 장사를 하고 있을까? 대답은 뻔하다. 이왕이면 농부 B처럼 고품질의 큰 사과를 생산해 비싸게 파는 것이 많이 남는 장사일 것이다. 이와 마찬가지로 기업도 농부 B처럼 프리미엄 상품Premium product을 많이 개발해야 한다.

LG전자가 처음 미국에 진출할 때는 '골드스타GoldStar'라는 이름을 달고 있었다. 그때만 하더라도 '골드스타'는 싸구려 제품 이미지에서 벗어날 수 없었다. 그러다가 LG 브랜드를 내세우면서부터 미국 시장에 진출할 때 '프리미엄 전략'으로 접근하기 시작했다. 당시 미국 시장에는 GE, 메이텍, 월풀, 프리지데어 같은 유명 가전기업들의 제품이 버티고 있었다.

2002년, 회사는 외국의 유명 기업처럼 고품질의 고가 제품들을 내놓았다. 15kg 스팀 트롬 세탁기의 가격을 현지 최고가인 1,600달러로, 양문형 냉장고는 기존의 1,599달러에서 2,199달러로 올렸고, 15인치 LCD TV가 장착된 TV 디오스 냉장고는 업계 최고인 3,499달러로 책정했다. 이 가격은 경쟁사에 비해 월등하게 높은 가격이었다.

고품질을 전제로 한 '프리미엄 제품'들의 반응은 매우 좋았다. 드럼 세탁기 분야는 최대 가전제품 유통매장인 베스트바이와 홈디포에서 2년 연속 점유율 1위를 달성했고, 전자레인지, 에어컨의 시장점유율도 1위를 지켰다.

한전에서도 고부가가치 사업을 중점적으로 펼치는 프리미엄 전략을 실시하고 있다. 원전 건설, 원전 서비스, 수 · 화력/신재생 발전, 자원개발, 스마트그리드Smart Grid/녹색기술, 국내 사업부문으로 전략 사업을 설정하고 목표 달성을 위해 총력을 기울이고 있다.

이 가운데 가장 중요하게 생각하는 부문이 원전 건설 사업부문이다. 2009년 말 기적처럼 이루어진 UAE 원전 수출의 성과는 상상을 초월한다. 수출 규모는 무려 200억 달러로 소나타 100만 대를 수출한 것과 맞먹는다. 여기에서 그치지 않고, 원전 서비스 사업까지 파급효과가 이어진다. 이것이 바로 '프리미엄 상품'의 강점이다.

혁신적인 가치를 창조하는 방법

혁신적인 프리미엄 상품을 더 많이 만들려면 어떻게 해야 할까? 기본적으로 기업은 생존 전략의 차원에서 '가치Value'를 지향해야 한다. 그 가치를 창조하는 방법으로 4가지를 들 수 있다.

① 프로세스 개선

아인슈타인은 "결과를 바꾸기 위해서는 과정을 바꿔야 한다"라고 말했다. 좋은 성과도 중요하지만 그에 앞서 프로세스를 개선해야 한다. 뿌린 만큼 거둔다는 말처럼 효율적인 프로세스 개선에 투자한 만큼 좋은 성과가 나오기 마련이다. 골퍼로 치면 다리, 허리, 어깨, 시선으로 이어지는 프로세스가 안정될 때 어떤 위치에 골프공이 놓여도 제 실력을 마음껏 발휘할 수 있다.

② 각종 낭비 요소 제거

낭비의 요소는 눈에 보이지 않게 회사 곳곳에 산재해 있다. 중복회의, 불필요한 자료 작성, 비효율적인 공간 활용, 소모적인 설비 투자 등을 없애면 엄청난 비용을 절감할 수 있다. 이것과 더불어 직원의 잠재력을 100% 활용하지 않는 것도 낭비 요소로 볼 수 있다. 위험을 감수하며 도전하는 문화가 정착될 때 직원은 놀라운 성과를 발휘할 수 있을 것이다.

③ 불합리한 관행 제거

어떤 행동이 오랫동안 관습화되면 직원들의 판단력이 흐려져 그것이 옳은지 그른지 알 수 없다. 이렇게 해서 불합리한 관행이 생기게 되고 직원들은 그것을 당연한 것으로 여기게 된다. 이러한 부조리하고 불합리한 관행을 뿌리째 뽑아야 한다. 질레트의 CEO 짐 킬츠Jim Kilts는 심한 반발을 무릅쓰고 수십 년 동안 지속된 잘못된 문화와 관행을 고치는 데 성공해 위기로부터 회사를 구할 수 있었다.

④ 고객 관점의 부가가치 창출

이제는 고객이 기업을 선택하는 시대다. 수많은 기업들의 비슷비슷한 제품 가운데서 고객은 하나만 손에 집는다. 기업 활동은 고객에 맞추어져야 한다. 고객의 니즈를 만족시키는 것에서 더 나아가 고객의 가치를 창출하여 이를 고객에게 돌려줄 수 있어야 한다. 그래야 정글 같은 시장에서 살아남을 수 있다.

10

큰 덩치를 잡아라

파레토의 법칙

우리 주변의 개미를 보면 모두 다 열심히 일하는 것처럼 보인다. 실제로도 그럴까? 이탈리아의 경제학자 빌프레도 파레토Vilfredo Pareto에 따르면 결코 그렇지 않다. 그의 말에 따르면 열심히 일하는 개미는 20%에 불과하고, 나머지 80%는 일하지 않는 개미라고 한다. 이런 연구를 토대로 열심히 일하는 20%가 나머지 80%도 먹여 살린다는 의미에서 만들어진 것이 '20:80 법칙'이다. 이것은 인간세계에도 그대로 통용된다. 풍년이 나더라도 약 20%의 농부의 곳간만 쌀로 가득하고, 나머지 80%는 그럭저럭 쌀을 채울 뿐이다. 흉년이 들 때도 마찬가지다. 20%의 농부는 거의 피해가 없고, 나머지 80%의 농부만 극심한 피해를 본다고 한다.

비즈니스의 세계에도 '20:80 법칙'이 적용된다. 20%가 경제를 이끌어가고, 나머지 80%는 그것에 끌려간다. 경영자의 입장에서는 20%에 속하는 기업을 추구하기 마련이다. 그렇다면 20%에 드는 기업이 되기 위해서는 어떻게 해야 할까? 간단하다. 20%에 드는 성과, '큰 덩치'를 잡으면 된다. 실제로 대부분의 기업은 80%의 '작은 덩치'가 내는 성과에 안주하고 있다. 그러면 항상 20%의 기업에 리드를 당하는 처지가 될 수밖에 없다.

큰 숲을 보는 리더가 되라

이제 우리 기업은 우물 안 개구리처럼 국내 시장에만 갇혀 있어서는 안 된다. 기술 개발과 제품 생산에 앞서 먼저 글로벌한 시야를 갖고 일해야 한다. 그런 바탕을 갖춘 다음 최고의 기술력이 담긴 제품을 만들어 글로벌 시장에 진출해야 한다. 그래야 '큰 덩치'를 잡을 수 있다.

애플은 최근 아이폰, 아이패드 같은 혁신 제품을 연달아 내놓으며 글로벌 IT 시장의 판도를 뒤바꿔놓고 있다. 애플을 이끄는 스티브 잡스는 기존의 휴대폰 시장의 '파이'를 나누어 먹는 것은 안중에도 없었다. 스티브 잡스는 기존의 웹web 패러다임을 앱Application 패러다임으로 바꾸는 거창한 시도를 했다. 그 결과 전 세계적으로 아이폰 선풍을 일으키며 '큰 덩치'를 잡는 데 성공했다.

큰 덩치를 잡기 위해서는 작은 이익과 손해에 연연하지 않고 글로벌 시장이라는 큰 숲을 볼 수 있는 리더의 안목이 무엇보다 중요하다. 항상 숲을 바라보고 있노라면 어느 순간 '큰 덩치'를 잡을 기회가 찾아온다. 2009년 말 세계에서 다섯 번째로 원전 수출이라는 쾌거를 이루어낸 것도 '큰 덩치'를 볼 줄 아는 안목에서 가능했던 것이다. 원전의 '큰 덩치'에 대한 가능성을 점치고 있었던 때, 한전의 한 고문이 나에게 제안을 했다.

"원자력 대학원을 만들어보면 어떻겠습니까?"

그 말을 듣는 순간 '큰 덩치'의 윤곽이 드러나는 듯했다. 당시만 해도 전 세계적으로 원자력 대학원을 가진 나라는 없었다. 곧바로 원전 수출을 염두에 두고 실무 중심의 국제원자력대학원K-INGS: KEPCO International Nuclear Graduate School 설립 준비에 착수했다. 그 후 UAE 원전 수주 입찰 경쟁에 뛰어들었다. '하면 된다'는 집념으로 열심히 수주 활동을 펼칠 때, 특히 한국의 국제 원자력 대학원 설립이란 조건은 타 국가에 비해 비교우위를 점하는 요인이 되었다. 그 결과 원전 수출에도 큰 역할을 했다.

만약 당시 원전 수출이라는 '큰 덩치'에 대한 안목이 없었다면 원자력 대학원 설립 제안은 그냥 한 귀로 흘려들었을 것이다. 많은 적자로 허덕이는 판국에 엉뚱한 곳에 추가 비용을 지출할 필요가 있을까 생각했을지도 모른다. 결국 지속적인 '큰 덩치'에 대한 고민이 있었기에 그 제안이 의미 있게 와 닿았던 것이다.

간혹 경영자들이 "우리 사원들은 도무지 큰 것을 보지 못한다"라고 불평하는 경우를 보게 된다. 이 말은 잘못됐다. 사원이 아니라 경영자가 큰 덩치를 못 본다고 해야 맞는 말이다. 한전은 유연탄, 우라늄 등 발전 연료의 자주개발률을 높이기 위해 많은 노력을 기울였다. 하지만 리스크가 많고, 비용도 막대해서 광산 등의 지분 인수율은 10~20% 수준을 유지했다. 하지만 지금은 달라졌다. 나는 직원들에게 "앞으로 회사의 새로운 큰 덩치는 바로 자원 개발이다. 자원 개발에 과감하게 투자하라"라고 '큰 덩치'를 주문하고 독려했다. 그 결과 2010년 7월, 호주의 바이롱 유연탄 광산의 지분 100%를 단독으로 인수할 수 있었다. 이것은 중국, 인도 등 자원 블랙홀의 엄청난 자금력과의 경쟁에서 승리한 성과였다.

여기서 주목할 점은, '큰 덩치'에 눈독을 들이는 글로벌 기업들이 너무나 많기 때문에 우수한 인재를 집중적으로 투입해야 한다는 점이다. 그런 이유 때문에 원전 수주 입찰을 준비할 때 여러 협력 업체의 우수한 직원들을 한곳에 모아놓고 준비했다.

역사에 우뚝 선 위대한 기업과 반짝하다 사라진 기업을 나누는 기준은 무엇일까? 위대한 기업은 결국, '큰 덩치'를 잡았다는 것으로 요약된다. 한 시대를 가로지를 뿐만 아니라 인류사를 획기적으로 바꿀 '큰 덩치'의 성과가 있어야 비로소 좋은 기업을 넘어 위대한 기업이 될 수 있다.

혁신 10계명으로 일군
UAE 원전 수출

 2009년 12월 27일은 한전이 UAE로부터 초대형 원전 건설 프로젝트를 수주한 역사적인 쾌거를 이룬 날이다. UAE 원전 건설 사업은 1400MW급 한국형 원전APR1400 4기를 2020년까지 건설하는 200억 달러 규모의 초대형 프로젝트다. UAE 원전 수주로 우리나라는 미국, 프랑스, 러시아, 캐나다에 이어 다섯 번째 원전 수출국이라는 드높은 위상을 갖게 되었다. 이는 국내 최초의 원자력발전소를 고리에 건설한 지 30년 만에 일구어낸 기념비적인 성과로 향후 국가경제에 활력을 불어넣을 것이며, 국가 브랜드 가치를 한껏 높일 것으로 기대한다.

 UAE 원전 수주를 위한 입찰에 뛰어든 이후 나는 딴 생각은 못할 정도로 '원전 수출'이라는 과제에 몰입해 있었다. 지방에 갈 때면 근처 사찰을 찾아 꼭 이번 일이 성사되게 해달라고 소원을 담아 빌었다. 식사 시간에도 미역국과 죽을 일절 입에 대지 않았고, 틈만 나면 '워룸'을 찾아 실무자들을 격려했다. 지성이면 감천이라고 그 정성이 통했는지 기적 같은 결실을 맺게 되었다.

UAE 원전 수출로 한전의 세계적인 위상이 크게 높아졌을 뿐만 아니라 직원들의 자긍심 또한 높아져 보람을 느낀다. UAE 원전 수출은 방송 3사 저녁 뉴스의 톱기사로 대대적으로 보도되었고, 2~3일간 조간신문의 헤드라인을 장식했다. CNN, AP통신 등 해외 언론사도 한국의 원전 수주를 '대단한 사건'이라며 비중 있게 보도했고, 이를 통해 해외에서 한전의 영문 명칭인 'KEPCO Korea Electric Power Corporation'의 브랜드 인지도가 크게 상승했다. 현지 언론보도를 접한 외국인들이 한전 해외 사무소로 "이번에 UAE 원전 수주를 한 회사가 당신이 근무하는 회사가 맞느냐? 정말 대단하다"는 축하 전화를 걸어오기도 했다. 어느 임원의 고향에서는 "경축 UAE 원전 수주"라는 플래카드를 걸었고, '고향을 빛낸 자랑스러운 인재 상'을 주었다. 한 여직원은 가족들과 함께 'UAE 원전 수출' 특집 다큐멘터리를 시청하며 자녀들로부터 "엄마 회사가 최고야"라는 말을 들었다고 한다. 평소 나는 직원들에게 "자녀들로부터 존경받는 부모가 되어야 한다"라고 강조했는데 이번 쾌거로 직원들이 가족들에게 자랑거리가 된 것 같아 가슴이 뿌듯하다.

UAE 원전 수주를 진두지휘하면서 고비가 있을 때마다 혁신 10계명의 원칙을 되새기며 결정을 내렸다. 그리고 실무자들에게도 혁신 10계명을 염두에 두고 업무에 임해줄 것을 주문했다. 원전 수주 입찰 경쟁에 뛰어들 때부터 최종적으로 원전 수주 결정이 나기까지 모든 과정에 '혁신 10계명'의 정신이 녹아 있다. 어떻게 이 놀라운 성과를 이루어낼 수 있었는지 UAE 원전 수주 과정을 '혁신 10계명'의 관점에서 다시 돌아보겠다.

① 5%는 불가능해도, 30%는 가능하다

UAE 원전 수주 입찰 당시에 한전은 원전 수출 경력이 전무했다. 한전이 참가한 UAE의 입찰 설명회에는 '한전이 여기에 뭐 하러 왔나?' 하는 분위기가 팽배했다. 2009년 2월, 세계 유수의 원전 관련 20여 개사가 아부다비에 원전 건설 수주를 위해 모였을 때만 해도 한전이 수주에 성공할 확률은 10% 미만이라는 평가를 받았다. 그해 5월, 입찰 후보자를 3개사로 압축했을 때 한전은 프랑스의 아레바, GE-히타치 컨소시엄과 함께 당당히 1차 관문을 통과했다. 그러나 한국 원전 건설의 대부격인 미국의 웨스팅하우스는 탈락했다. 이때에도 한전의 수주 가능성은 여전히 희박해 보였다. 3개 후보 회사 중 가장 어려워 보였지만, 결과는 달랐다. 한전은 마침내 원전 수주의 쾌거를 달성했다. 한전 사장으로 취임할 때 재직 기간 동안 3가지 핵심 과제를 달성하겠다고 전 직원 앞에서 약속했다. 원전 첫 수출이 그중 하나였다.

혁신은 만만한 일을 골라 생색을 내는 것이 아니다. 불가능해 보이는 높은 목표를 향해 달려갈 때 이룰 수 있다. 한전은 외부의 예측을 무색하게 만들며 기적 같은 일을 만들어냈다.

② 한 방에 끝내라

2009년 1월부터 UAE 원전 수주를 위한 본격적인 업무가 시작됐다. 이후 담당 직원들은 합숙을 불사하면서 3월까지 총 5권, 1,200페이지에 이르는 영문 입찰 자격 제출 서류를 '한 방에' 완성해 제출했다. 그리고 한전은 당당히 입찰 참가 자격을 획득했다. 당시 나는 실무진에게 입찰에 떨어진 후 '이것만 좀 더 잘했으면 됐을 텐데'라고 후회하지 말고, '한 방에 끝내자'는 자세로 일해줄 것을 주문했으며, 실무진역시 이런 자세로 일했다.

③ 조직을 파괴하라

UAE 원전 수주를 위해 한전은 한국수력원자력, 두산중공업, 현대건설, 미국 웨스팅하우스, 벡텔, 영국 AMEC 등 국내외 11개사의 전문가 80여 명으로 구성된 원전 수주를 위한 비상 상황실 격인 '워룸'을 만들었다. 여기에 모인 여러 조직의 구성원들은 자신이 소속된 회사의 직급과 관계없이 철저히 워룸의 일원으로 일했다. 이렇게 다양한 회사의 사람들을 한곳에 집결함으로써 업무를 효율적이고 창조적으로 진행할 수 있었다.

④ 실천하는 것이 힘이다

원전 수주에 입찰할 때 한전이 원전 수출 경력이 전무한 것 때문에 무력감에 빠져 있었다면 어떻게 됐을까? 아마 원전 수출은 꿈도 꾸지 못했을 것이다. 하지만 한전은 원전 수출의 염원을 가짐과 동시에 원전 수주 입찰 경쟁에 뛰어들었다. 수많은 시행착오를 무릅쓰며 마침내 성공할 때까지 실행을 멈추지 않는 끈기를 보여주었다.

⑤ 'No' 없는 도전

"나가자 APR, Yes We Can Do It." "UAE 원전 수출! We Must Do It!" 워룸에는 이러한 전투적인 구호들이 벽면을 가득 메우고 있었다. 이곳에 모인 80여 명의 실무진은 밤낮은 물론 주말도 잊은 채 7개월간 총성 없는 '전투'를 치렀다. 나 역시 전장에 나온 사령관이라는 자세로 업무에 임했고, 실무진 역시 고비 때마다 피 말리는 긴장과 고통을 감내해야 했다. 이러한 한전의 도전적인 'We can do It'의 자세는 원전 수출 경험을 가진 세계 유수의 많은 경쟁자들을 제치고 사업을 수주하는 원동력이 되었다.

⑥ 나 아닌 우리

원전 건설은 설계, 건축, 정비, 원전 연료 조달·공급 등이 결합된 대형 플랜트 사업이다. 보통 여러 업체가 컨소시엄 형태로 사업에 참여하게 되는데, 한전은 자회사와 두산중공업, 현대건설, 삼성건설 등 민간기업들과 함께 워룸을 만들어 한 공간에서 일하며 유기적인 시너지를 창출했다. 각 회사의 핵심 인력들로 구성된 실무진은 '나 아닌 우리'라는 자세로 협력했으며, 이런 자세가 원전 수출의 밑거름이 되었다.

⑦ 자원유한 지무한 資源有限 智無限

위룸에 모인 실무진은 3개월 만에 여행 가방 7개에 들어갈 분량의 두꺼운 영문 입찰서를 완성했다. 한전은 처음 원전 수주 입찰에 뛰어들었기 때문에 관련 노하우와 경험이 부족했다. 하지만 목표한 기일에 필요한 입찰서를 빈틈없이 완성하기 위해 전 실무진이 관련 지식과 역량을 총발휘했다. 이것은 실무진 80여 명이 주어진 여건 면에서는 '자원유한資源有限'했지만, 그들의 능력을 최대로 발휘해 '지무한 智無限'을 입증한 것이다.

⑧ Early Innovation

한전은 UAE에서 정한 입찰 서류를 제출 기한보다 이틀 먼저 제출했다. 경쟁사는 일주일 연기를 요청하는 동안 서류 제출부터 경쟁사를 한발 앞지른 것이다. 그래서 UAE의 입찰 심사 관계자들은 한전의 문서를 먼저 보게 되었고, 자연스럽게 한전 문서의 포맷에 익숙해졌다. 그들은 다른 회사들에게도 한전의 포맷에 맞춰서 다시 문서를 작성해줄 것을 요청했다고 한다. 이렇게 먼저 서류를 제출한 것은 원전 수주에 적지 않게 기여했다.

⑨ 과수원 패러다임

UAE 원전 4기 수출은 중형 승용차 100만 대를 수출한 것과 동일한 경제효과를 가져온다. 이는 앞서 설명한 과수원 패러다임에서와 같이 고부가가치의 프리미엄 상품에 집중한 성과라고 본다.

UAE 원전 사업 조인식 장면

⑩ 큰 덩치를 잡아라

UAE 원전 사업은 한 번에 원전 4기를 발주하는, 건국 이래 최대 규모의 해외 플랜트 사업이다. 지구상에 이런 대형 프로젝트는 다시 나오기 힘들다. 이런 사업을 수주함으로써 한전은 한전대로, 국가는 국가대로 유무형의 고부가가치를 창출하게 됐다.

PART 2

CULT

GREAT C

이기는 조직을 만들어라

모든 초우량 기업들의 면면을 살펴보면 자기 나름의 바람직한 문화를 가지고 있다. 그들의 바람직한 고유 문화가 사업을 성공으로 이끄는 바탕이 되는 것이다. 반대로 실패한 기업들은 공통적으로 잘못된 문화를 가지고 있거나, 아예 문화 자체가 형성되어 있지 않는 경우가 많다. 도전적이고 강한 혁신 문화야말로 초일류 기업의 전제 조건이다.

URE

OMPANY

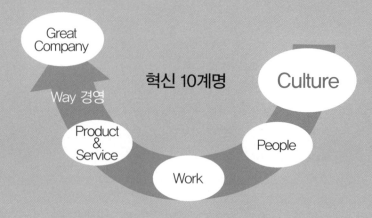

도전적인 성과 지향 문화를 만들어라
불가능을 모르는 '혁신형 인간'을 육성하라
권위주의를 타파하고 진짜 권위를 쌓아라
안정적인 노경관계를 구축하라
현장에서 움직이는 CEO가 되라
긴장 넘치는 조직으로 만들어라

01

도전적인 성과 지향 문화를 만들어라

초일류 기업의 전제 조건

모든 초우량 기업들의 면면을 살펴보면 자기 나름의 바람직한 문화를 가지고 있다. 그들의 바람직한 고유 문화가 사업을 성공으로 이끄는 바탕이 되는 것이다. 반대로 실패한 기업들은 공통적으로 잘못된 문화를 가지고 있거나, 아예 문화 자체가 형성되어 있지 않는 경우가 많다. 도전적이고 강한 혁신 문화야말로 초일류 기업의 전제 조건이다.

나는 도요타의 기업문화를 좋아한다. 그들의 문화에는 혼이 깃들어 있으며, 사람들을 하나로 똘똘 뭉치게 하는 힘이 있다. 2000년대 초반 일본의 도요타 공장을 방문해 현장 견학을 할 때의 일이다. 라인 작업장을 둘러보고 있는데 현장에 설치된 TV에서 도요타의 회장님이 방문한다는 내용이 방송되고 있었다. 그것을 본 계열사 사장이 나에게

"오늘은 생산성이 10% 더 오르고 불량률은 줄어들 것입니다"라고 귀띔해주었다. 그만큼 현장직원들이 회사에 대한 일체감을 느끼고 있다는 설명이었다. 그들은 애사심이 투철할 뿐만 아니라 기업의 리더에게 존경심을 품고 있었다. 이처럼 도요타에는 종교집단이라 할 수 있을 만큼 하나로 똘똘 뭉치게 하는 그들만의 문화가 있다. 도요타의 직원들은 회사가 월급을 올려줄 때, 오히려 직원들이 "이렇게 월급을 올려줘도 회사 경영에 문제가 없습니까?"라고 묻는다고 한다. 스스로를 회사의 주인이라 생각하고, 회사가 망하면 집안이 망한다고 생각하기 때문에 가능한 일이다. 이것이 바로 일개 방직공장을 오늘날의 세계적인 자동차 대기업으로 발전시킬 수 있었던 원동력이 아닐까 생각한다.

리더가 먼저 변해야 한다

나 또한 LG전자 창원공장을 이끌 당시 기업문화의 중요성에 대해 깊이 인식하고 기업문화를 근본적으로 바꾸는 대대적인 운동을 시작했다. 1989년 극심한 노사분규로 회사 내부 구성원 간의 갈등이 극에 달하는 상황을 겪은 것이 계기였다. 간신히 노사분규를 극복하고 난 뒤 "이제부터 노사분규는 절대 없다"는 각오로 회사 차원의 기업문화 혁신 활동을 벌이기로 했다. 직원들에게만 변화를 요구할 게 아니라 리더가 먼저 변해야 한다는 생각이 들었다. 직원과 경영자 사이의 소통을 가로막고 한 가족이라는 일체감을 형성하는 데 방해가 되는 것은 '권위주의'라고 생각했다. 그래서 먼저 '권위주의 문화'를 바꾸기로 했다.

당시 우리는 체계적으로 변화를 유도하기 위해 '조직문화 팀'을 만들었다. 조직문화 팀에서는 직원들과 몇 차례 충분한 토의와 검토를 거쳐 여러 가지 방안과 세부 지침을 만들었다. 관리자들부터 호주머니에 손 넣고 다니지 않기, 뒷짐 지고 다니지 않기, 빠른 걸음으로 걷기 같은 행동강령을 만들어 실천하도록 했다. 문화를 바꾸기 위해 관리자가 먼저 솔선수범하기로 한 것이다. 이와 더불어 애사심을 키우기 위해 자신의 집에 타사 제품이 있으면 이를 자진해서 공개하는 캠페인을 펼쳤다. 관리자는 물론 현장직원들도 참여했다. 임원들부터 사용하던 타사 제품을 자진 공개했고, 직원들도 잘 따라주었다. 이를 통해 직원들의 애사심이 커진 것을 확인할 수 있었다.

자발적으로 참여하게 하라

프레시보드Fresh Board 캠페인도 소기의 성과를 거두었다. 프레시보드는 사원들이 자발적으로 조직의 문제점이나 건의 사항을 수렴해 경영진과 직접적으로 소통하는 모임이다. 이 모임에서 경쟁사 제품을 사용하는 업소는 직원 회식 때 이용하지 말자는 의견이 나왔다. 우리가 그 식당에서 회식하면서 매상을 올려주는데 그 업소가 경쟁사 제품을 사용한다면 상도의에 어긋난다는 논리였다. 이 의견은 곧 채택되어 창원공장에서부터 캠페인을 실시했고, 나중에는 자발적으로 구미와 평택공장까지 확산되었다. 그러자 놀랍게도 많은 업소들이 경쟁사 제품 대신 자사 제품으로 바꾸기 시작했다. 무엇보다 큰 성과는 이 캠페인을 진행하는 동안 직원들의 애사심이 한층 높아진 것이다.

현장직원들에게도 회사가 변하고 있다는 것을 피부로 느끼게 해주는 것이 필요했다. 직원들이 회사의 한 구성원으로서 존중받고 있다는 사실을 현실로 느끼게 해주어야 했다. 그래서 공장의 작업 환경을 최고급으로 바꾸기로 했다. 공장 바닥에 새로 타일을 깔았고, 화장실은 호텔 급으로 리모델링해 따로 청소하는 사람을 배치했다. 작업복도 새로 바꿔 직원들이 단정한 옷을 입고 일하게 했다. 나중에는 '작업복'이란 용어도 '근무복'으로 바꿨다. 휴식 공간도 가정에서처럼 편하고 아늑하게 느낄 수 있도록 소파, 수족관, 대형 TV, 인터넷 등 최상급으로 갖춰주었다. 이런 활동을 벌이자 직원들은 공장을 단순한 작업장이 아닌 깨끗하고 아늑한 일터로 생각하게 되었다.

사실 이처럼 공장 환경을 바꾸려면 적지 않은 추가 비용이 발생한다. 경영 상황이 좋지 않은 회사일수록 추가 비용 지출은 엄두도 못낸다. 하지만 당시 공장 환경을 개선하자 직원들 스스로 작업장 주변을 관리하기 시작했고, 이에 따라 사원의 의식 수준도 높아졌다. 이는 공장에서 생산하는 제품의 품질이 업그레이드되는 결과로 이어졌다. 공장 환경을 바꾸는 데 들어가는 비용은 품질관리 비용에 비하면 아주 적지만, 품질관리로 지출한 비용 이상으로 더 좋은 품질의 제품을 만들어낼 수 있었다.

스스로 깨닫게 하라

현장 문화를 바꾸는 프로그램의 일환으로 무인 카메라를 활용하기도 했다. 식당과 공장 내부, 정문 등에서 촬영된 자신의 모습을 보면서 직원들 스스로 의식을 개선할 수 있도록 한 것이다. 예를 들어 중식 시간을 지키는 문화를 만들기 위해 시간대별로 촬영된 식당의 모습을 매월 월례모임 때 확인하면서 잘못된 사항을 반성하는 시간을 가졌다. 한 여직원이 버려진 종이컵을 줍는 모습이 카메라에 찍히자 격려하는 의미에서 그 여직원에게 포상을 했는데, 그 후 생산라인 근무 직원들도 작업 도중 바닥에 떨어진 자그마한 스크루나 볼트 같은 부품을 스스로 줍는 일이 늘었다. 이렇게 작은 일에 신경을 쓰는 사람이 늘어난 결과 전체적으로 불량률도 줄었고, 회사의 규정을 잘 지키는 애사심 깊은 우수한 사원이 늘어나는 결과를 낳았다. 이때 한 연구원이 본사에 초상권 침해가 아닌지 문의하는 웃지 못할 에피소드도 있었다.

무인 카메라는 지각 문제 해결에도 유용하게 활용되었다. 작업 시간 10분 전에 통과한 경우를 예비지각으로 간주해 6시그마 툴로 지각 유형을 분석해보니 노총각과 정년퇴직 예정자가 지각하는 경우가 많았다. 조사 결과 노총각은 가족이 없는 외로움에 매일 저녁 술을 마시다 늦잠을 자서 지각하는 경우가 많았고, 정년퇴직 예정자는 장래 문제를 걱정하느라 술을 많이 마셔 부인과 다투면서 지각하는 일이 많다는 것을 알게 되었다. 이 문제를 해결하기 위해 노총각에게는 중매를 알선했고, 정년퇴직 예정자는 가톨릭 신부님을 모시고 가족 화목회를 열었고, 퇴직 관련 교육도 실시했다. 이렇게 무인 카메라에 촬영된 장면을 월례회의 때 전 직원과 공유하는 활동은 최근 회자되고 있는 섀도 코칭Shadow Coaching(전문가 지도효과. 스스로 자신들의 자화상을 객관적으로 깨닫고 이래서는 안 되겠다는 것을 느끼게 하는 것) 효과와 비슷한 성과를 거두었다.

　다각도로 '기업문화 바꾸기' 활동을 벌인 결과 전과 다른 '문화'가 조금씩 자리 잡기 시작했다. 이러한 바탕 위에서 혁신 활동에 드라이브를 걸 수 있었다. 그러자 품질은 품질대로, 생산성은 생산성대로 쑥쑥 올라가기 시작했다.

도전하는 GE의 성과 지향 문화

　혁신의 전도사로 불리는 나는 그동안 GE를 많이 벤치마킹했다. GE에는 '지고는 못 사는 문화'가 있다. 나는 LG전자 사장으로 재직하던 시절, 잭 웰치 당시 GE 회장이 내한해 LG회장님과 함께 식사를 한 적이 있다. 일반적으로 미팅을 하면 서로 덕담도 주고받고 업무와 관계없는 일상적인 대화를 나누기도 하는데, 잭 웰치 회장은 처음부터 끝까지 100% 비즈니스 얘기만 했다. 미팅이 끝난 후 수행원들에게 "우리 회장님은 직원들과 회식을 할 때도 100% 비즈니스 얘기만 하십니다"라는 말을 들을 수 있었다. 그때 GE의 직원이 '비즈니스 마인드'로 똘똘 뭉쳐 있다는 것을 알 수 있었다. GE에는 적당한 목표 설정이 없다. 목표는 전년도보다 30% 이상 높게 도전적으로 설정한다. 직원은 현실에 안주하지 않고 위험을 무릅쓰고 목표에 도전한다. 목표를 달성하면 성과급과 승진을 통해 보상받고, 목표를 달성하지 못하면 퇴사한다. 이 경우 퇴사자 대부분은 GE만큼 큰 회사는 아니더라도 규모 있는 회사로 전직한다. 도전적인 기업문화를 가진 GE 출신은 퇴사 후에도 갈 곳이 많은 것이다.

이와 같은 GE 문화에 영향을 받은 나는 성과 지향적인 문화를 만들기 위해 노력했다. 성과 지향 문화가 조성되어야 '5%는 불가능해도 30%는 가능하다'는 도전적인 목표 설정을 할 수 있기 때문이고, 'No 없는 도전'을 시도하는 진취적이고 긍정적인 마인드가 생긴다.

성과 지향 문화를 만들기 위해서는 성과급과 연봉제를 중심으로 한 보상 시스템 역시 필수적이다. 실제로 2004년 LG전자는 글로벌 3G 서비스 사업자인 허치슨에 300만 대 이상의 WCDMA 휴대폰 공급계약을 체결하며, 전 세계 3G 시장을 선점하는 데 기여한 200여 명에게 '타깃 인센티브'로 최고 1억 원을 지급했다. 마찬가지로 한전에서도 수익성과 효율성을 중심으로 내부 경쟁을 강화하고, 성과에 따른 책임과 보상을 명확히 하면서 성과 연동 연봉제 확대를 통해 성과 지향 문화를 만들어가고 있다.

기업의 문화가 바람직하게 형성되면 직원의 의식이 높아지고 저절로 제품 수준이 향상된다. 아무리 하드웨어를 바꾸고 고쳐봐야 소용없다. 소프트웨어인 정신과 의식을 근본적으로 바꾸면 억지로 막아도 혁신이 일어날 수밖에 없다. 인텔 CEO였던 앤드류 그로브Andrew S. Grove는 "강력한 기업문화는 보이지 않는 손으로 기업의 운영 방식을 지도한다. '여기서는 그렇게 하지 않는다'는 말이 그 어떤 문서상의 규칙이나 규정 매뉴얼보다 훨씬 강력한 힘을 갖는다"라고 말했다. 이처럼 기업이 성공하기 위해서는 기업문화가 중요하다. 세상의 수많은 선진 혁신 경영 노하우와 기법도 이러한 '문화'를 정립한 기반 위에서만 진정한 효력을 발휘할 수 있다. 새 술은 새 부대에 담아야 하기 때문이다.

02

불가능을 모르는
'혁신형 인간'을 육성하라

혁신 마인드를 심은 '혁신 학교'

"그동안 우리는 경영혁신이니, 선진 경영 기법 도입이니, 다양한 노력을 해왔지만 만족할 만한 결과에 도달하지 못했습니다. 글로벌 CEO 컨퍼런스에서 어떻게 해야 이러한 노력을 성과로 연결시킬 수 있는지 사장들과 고민하고 토론하는 시간을 가졌습니다. 결론은 역시 '성과' 창출은 강력한 '실천력'이 뒷받침되어야 가능하다는 것입니다. 해외 우량 기업은 물론, 국내 1등 회사의 사례를 보더라도 높은 성과를 내는 곳은 적극적으로 실천하는 회사입니다. 결국 우리의 문제는 무엇을 해야 할지 모르는 데 있는 게 아니라 해야 할 일을 실행에 옮기지 못하는 데 있는 것입니다."

2001년 LG 임원 세미나에서 그룹 회장님이 하신 말씀이다. 회장님의 말씀처럼 탁월한 경영 성과는 강력한 실천력이 뒷받침되어야 가능하다. 회장님은 창원공장의 성공 체험, 혁신의 열기, 강한 실천력을 그룹 전체에 전파할 수 있도록 '혁신 학교'를 운영해달라고 부탁했다. 사실 '혁신 학교'는 내가 본부장으로 있던 경남 창원에서 처음으로 설치·운영한 것이다.

'혁신 학교'는 '불가능이 없는 혁신형 인간'을 육성하는 것이 목표였다. 혁신교육에는 수많은 경영 노하우보다도 사원의 혁신 마인드를 높이는 것을 중요하게 생각했다. 아무리 좋은 혁신 경영 기법을 전수하더라도 혁신 마인드가 자리 잡지 않으면 무용지물이라고 생각했기 때문이다. 따라서 기존의 다양한 사원교육 프로그램과는 다른 특별한 프로그램이 필요했다. 그래서 고안한 것이 극기훈련이었다. 인간의 정신적·육체적 한계를 극복하는 프로그램만이 사원들에게 '불가능은 없다'는 정신을 심어줄 수 있었다.

혁신 학교는 월요일에 입소해 금요일에 퇴소하는 4박 5일 일정으로 운영했다. 그 기간 동안 목이 쉴 정도로 혁신 구호를 반복적으로 외치게 했다. 이를 통해 혁신에 대한 강력한 의지와 자신감을 고취시킬 수 있었다. 이와 함께 해당 라인의 업무 보조를 시켜 문제점 100개를 찾아오게 하는 사업장 현장 체험도 시켰다. 전혀 알지 못하는 현장을 처음 체험하는 사람이 문제점을 100개씩 찾는 일은 불가능해 보이지만, 실제로는 교육생 대부분이 100개의 문제점을 척척 찾아낼 뿐만 아니라 개선 아이디어도 도출해냈다. 절박한 상황이 주어지면 무에서 유를 창조할 수 있다는 것이 혁신 학교 프로그램에서 증명되었다.

마지막 날인 목요일 저녁은 잠을 자지 않고 저녁 8시부터 다음 날 아침까지 행군을 했다. 행군 도중 과제를 제시해 문제를 푸는 사람만 행군 대열에 끼게 했다. 그렇게 해서 목적지에 도착하면 팀 단위로 마지막 과제를 주었다. 한겨울에는 웅덩이나 개천에 가서 물고기를 잡아 페트병에 담아오게 하는 과제를 주었다. 불가능할 것 같은 과제도 모두 완수하면서 스스로 신기하게 생각했다.

행군을 마치고 돌아오면 자신의 각오와 소감을 써서 낭독하는 시간을 가졌다. 대부분 사원들은 앞으로의 각오와 교육 기간 동안 느낀 속마음을 털어놓았다. 그런 발표를 통해 교육을 받으면서 내면의 변화를 일으켰음을 알 수 있었다. 이 시간이 끝나고 온천장에 가면 다들 표정이 밝고 의욕이 넘쳤다.

그룹 전체로 확대 운영된 '혁신 학교'는 이전의 기본적인 틀을 그대로 유지했다. 4박 5일 동안 계열사 임원, 관리감독자, 핵심 인력들을 대상으로 한 점이 다르지만 정신적·육체적인 한계를 극복하면서 자신감을 배양한다는 점에서는 동일했다. 교육 목표는 '강한 혁신 마인드와 실행력을 갖춘 혁신 리더 및 핵심 인재 육성'에 있었다.

현장에서 실감한 혁신 마인드

혁신 학교를 운영하면서 기억에 남는 일도 많았다. 한겨울에 계열사 한 곳이 혁신 학교에 참가했을 때였다. 땅이 얼 정도로 추운 날씨였고, 동틀 무렵까지 밤새 행군했기 때문에 온몸이 얼어붙은 상황이었다. 이때 마지막 과제로 개천에서 물고기 한 마리를 잡아서 페트병에 담아오라는 지시가 두 개 조에 떨어졌다.

A조의 리더는 살을 에는 추위에도 불구하고 바지를 걷어 올리고 맨발로 물에 들어갔다. 리더는 조원들에게 "물고기는 한 사람이 잡을 수 없습니다. 우리 모두 힘을 합쳐야 잡을 수 있어요. 전부 물에 들어오세요"라고 외쳤다. 물속에 따라 들어간 조원 몇 명은 물고기를 한쪽 구석으로 몰았고, 나머지 사람들도 길목을 지키며 힘을 합쳤다. 결국 A조는 금방 물고기를 잡아서 과제를 마칠 수 있었다.

반면 B조의 리더는 물에 직접 들어가지 않고, 조원들만 전부 물에 들어가라고 지시했다. 리더가 나서지 않으니까 아무도 물에 들어가려고 하지 않았다. 옆 조에서 물고기를 잡는 것을 보고 오기가 생긴 몇몇 조원이 물에 들어갔고, 결국 1시간여 만에 겨우 물고기 한 마리를 잡을 수 있었다. 그런데 B조의 리더가 갑자기 "와, 물고기 잡았다" 하며 다가와 조원들에게서 페트병을 뺏어 가져가버렸다. B조의 리더는 임원이었는데 본인 스스로 솔선수범하지 않으면서 부하 직원의 성과를 자기 것인 양 가로채버린 것이었다. B조 조원들은 그런 리더를 믿고 어떻게 회사 생활을 해야 할지 난감하다고 수군거렸다.

교육 마지막 시간에는 간담회를 갖는데, 계열사의 모 임원이 혁신학교 과정 중에 컨베이어 라인에서 현장 체험했던 일에 대해 이야기했다. 처음 하는 일이라 서툴러서 작업이 조금만 처지면 옆에서 작업하는 여사원이 "아저씨! 그러다가 불량 내겠네, 빨리 하세요!"라고 핀잔을 주었다고 했다. 중간에 10분 휴식 시간이 주어져도 그 여사원은 5분 정도만 쉬고 남은 5분에는 다음 작업을 위한 선행 작업을 준비하는 걸 보고 놀랐다면서 "어떻게 경영을 하면 작업자가 저렇게 강한 모럴을 가질 수 있겠습니까?"라고 질문했다. 이에 나는 이렇게 답변했다.

"혁신은 위로부터의 화려한 구호가 아니라 전 직원의 꾸준한 실천에서 실현되는 것이지요. 지속적이고 강력한 실천이 쌓였을 때 비로소 조직에 혁신 메커니즘이 생깁니다. 직원 한 사람 한 사람이 각자 맡은 부문에서 역량을 발휘할 때 세계를 제패할 수 있습니다. 휘센 에어컨이 세계를 제패할 수 있었던 이유가 여기에 있습니다."

혁신 학교의 핵심은 한마디로 불가능한 일에 직접 부딪쳐 그것을 성공시키는 데 있었다. 또한 성공을 경험함으로써 무슨 일이든 할 수 있다는 자신감을 배양하는 데 있었다. 실제로 프로그램 후반부로 갈수록 처음에는 소극적이었던 참가자들의 자신감이 높아지는 것을 확인할 수 있었다. 책이나 강의를 통한 교육 프로그램은 많지만 그것을 통해 실질적인 변화를 이끌어내기란 쉽지 않다. 그런 교육은 간접 체험에 불과하기 때문이다. 이에 비해 혁신 학교는 '불가능은 없다', '할 수 있다'는 것을 직접 몸으로 체험하기 때문에 실질적인 변화를 유도할 수 있었다.

03

권위주의를 타파하고
진짜 권위를 쌓아라

현장의 목소리를 들어라

그를 현장의 목소리에 귀를 기울이는 사람이라고 불러라

어느 추운 저녁 LG전자의 CEO 김쌍수 부회장은 서울 남쪽 산기슭에서 맑은 소주를 가득 담은 종이컵을 높이 들었다. 그날 강의를 들었던 간부 직원 300여 명이 그의 주위를 둘러쌌다. 그들은 눈 덮인 산을 함께 올랐다. 김 부회장은 한국 대표 전자업체의 위대한 계획을 이루기 위해 꼭 필요한 훈련이라고 말했다. 그날 마지막 파티에서 그는 돼지고기 바비큐와 매운 김치를 직원들에게 대접했다. 김 부회장이 "Great Company! Great People!" 하고 선창하면, 직원들도 "Great Company! Great People!" 하고 일제히 주먹을 흔들면서 따라 외쳤다. 김쌍수 부회장은 소주를 단숨에 마시고 다음 테이블로 가서 또 소주를 마시며 격려했다. 이런 광경은 한동안 계속 이어졌다.

테이블 여덟 곳을 돌며 소주를 마신 뒤 얼굴이 붉어진 그는 슬로건을 계속 외치며 쑥스러워 하는 기자를 끌어안았다. 짧은 치마와 노란 가발을 쓴 치어리더들이 귀청이 찢어질 듯한 한국 유행가에 맞춰 춤을 추자, 지칠 줄 모르는 59세의 김 부회장은 임시 무대 아래에서 취한 직원들과 서로 부딪치며 함께 춤을 추었다. 나중에 그는 무대에 올라 마이크를 손에 잡고 〈누이〉라는 노래를 나직하게 불렀다. "우리는 부회장님을 좋아합니다"라고 LG의 모 부사장이 말했다. "부회장님은 항상 직원들을 즐겁게 해주시죠."

비밀스런 재계財界 인맥과 엘리트 조직이 지배하는 아시아에서 CEO가 일반 직원과 술을 마시려고 자세를 낮추는 일은 거의 없다. 그러나 김쌍수 부회장은 그런 일반적인 유형의 보스와는 전혀 다르다.

미국의 시사주간지 〈타임〉에서는 나를 표지 모델로 내세우며 위와 같은 기사를 썼다. 이 기사에서처럼 나는 권위주의에서 탈피하기 위해 끊임없이 노력했다. 권위와 권위주의는 확실히 다르다. 창원공장의 임원으로 재직하던 시절 극심한 노사분규를 경험한 이후부터 회사의 발전을 위해서는 권위주의를 반드시 척결해야 한다는 생각에 권위주의 타파를 위해 끊임없이 노력하고 있다.

대부분 보고는 이메일로 받고 있고, 꼭 필요한 경우에만 대면 보고를 받았다. 보고서 작성도 시간을 낭비한다고 생각해 간략하고 명료하게 보고하는 것을 선호했다. 의사소통을 저해하는 장애 요소라고 생각해 사무실 칸막이를 없앴고 대신 안을 들여다볼 수 있는 창을 낸 파티션을 쳤다. 사무실 문도 항상 열어놓았다. 누구라도 지나가면서 볼 수 있고, 언제든지 들어와서 대화를 할 수 있다는 의미였다. 또한 직접 현장에 방문해 보고를 받고 있다. 현장에서 직접 보고 즉시 의사결정하는 것이 책상에 앉아서 의사결정하는 것보다 상태를 파악하기에 훨씬 효율적이다. 현장에 가서도 불필요한 응대를 피하기 위해 선 채로 보고를 받는 경우가 많다. 그러면 사무실에 앉아 보고받는 것보다 불필요한 대화가 줄어들었다. 현장 근무자를 배려해 별도의 보고서를 만들게 하지 않고, 지금까지 진척된 내용을 벽에 붙여 놓은 현장용 자료만 보고 즉시 의사결정을 내렸다. 그렇게 하지 않으면 사장이 현장에 오는 것을 귀찮아 할 것이다. 바빠 죽겠는데 보고서도 따로 만들어야 하고, 방문해도 실제로 도움도 안 된다고 생각하기 때문이다. 그러나 나는 즉시즉시 의사결정을 해주고, 직원들의 애로 사항을 도와주기 때문에 현장을 방문하면 오히려 직원들이 좋아했다.

보고 내용이 이해되지 않을 때에도 반드시 먼저 물어보았다. 몰라서 아랫사람에게 묻는 것은 흉이 아니다. 그런다고 권위가 떨어지는 것도 아니다. 오히려 관심이 많다고 생각해 직원들이 더 깊이 고민한다. 일반적으로 CEO는 '경영진이 이런 세부적인 내용은 몰라도 되겠지'라고 생각하고, 이해가 안 가더라도 그냥 고개만 끄덕끄덕하고 결국 "수고했다"라고 한마디 건네는 것으로 끝낸다. 이런 식의 방문은 직원들에게 전혀 도움이 되지 않는다.

LG전자 CEO 시절 〈월간조선〉(2004년 10월)과 인터뷰하면서 권위와 권위주의에 대해 다음과 같이 말한 적이 있다.

어렵게 말하지 않습니다. 손에 잡히게 해줘야 합니다. 실력 평가를 위해 두루뭉술하게 말해주고 '얼마나 해오나 보자' 하는 시대는 지났습니다. 1970~1980년대 권위주의 시대는 시간을 주면서 교육한다는 측면에서 그럴 수 있었지만 지금은 그런 스피드로 살 수 없지요. 지시해서 바로 답이 나오도록 알기 쉽게 얘기해줘야 합니다.

과거에는 높은 분들이 무슨 말을 하면 우리끼리 "저게 무슨 얘기냐"며 한참 의논해야 알았거든요. 그 시대에는 그게 통했습니다. 권위주의는 없어져야 하지만 권위는 있어야 합니다. '권위주의'는 위에서 만들지만, '권위'는 밑에서 만들어주는 겁니다. 알기 쉽게 얘기한다고 권위가 떨어지는 것이 아닙니다.

탈권위주의적인 리더가 되라

실제로 권위주의적인 리더는 아랫사람과 쉽게 소통하지 않는다. 권위주의적인 리더는 기본적으로 아랫사람을 이해하고 배려하는 것에는 관심이 없기 때문이다. 사람들은 이런 리더에게는 거리감을 느끼고, 진심으로 존중하지 않는다. 결국 그들은 리더의 눈치를 보면서 시키는 일만 하게 된다.

한글을 창제한 세종대왕이야말로 탈권위주의를 몸소 실천한 대표적인 사례라고 생각한다. 세종대왕은 어려운 한자 때문에 백성들이 서로 활발히 소통하지 못하는 고충을 없애기 위해 한글을 창제했다. 전 세계적으로 가장 익히기 쉬운 문자로 알려진 한글은 온 백성을 하나로 이어주는 매개체 역할을 했다.

기업도 마찬가지다. 세종대왕처럼 권위주의를 버리고 조직원에게 한발 더 다가서려는 리더의 노력이 필요하다. 과거에는 병사를 지휘하는 장수처럼 강한 카리스마를 가진 리더가 회사를 이끌었다. 하지만 오늘날의 리더는 강한 카리스마도 필요하지만 조직원과 눈높이를 맞추며 함께 회사를 이끌어가려는 마인드가 필요하다. 그래야 직원들이 회사와 일체감을 갖고 도전적인 자세로 일을 해나갈 수 있다.

회사의 모든 구성원은 직책과 직급의 구분이 있을 뿐, 회사에서 각자 맡은 역할을 하는 사람들이다. 그렇기 때문에 오히려 CEO가 솔선수범해 다른 임직원보다 일을 많이 해야 한다. 회사에는 일방적으로 명령하고 복종을 강요하는 '권위주의'가 있어서는 안 된다. 대신 신뢰와 존경을 통해 만들어지는 '권위'가 필요하다. 거듭 말하지만 '권위주의'와 '권위'는 구별되어야 한다.

혹자는 '이와 같은 탈권위주의 리더가 과연 조직을 성공적으로 이끌어갈 수 있을까?' 하고 의문을 제기할지도 모른다. 여기에 답할 수 있는 좋은 예로 2010년 월드컵에서 한국 대표팀의 16강 진출을 일군 허정무 감독을 꼽고 싶다. 그가 성공을 거둔 비결은 바로 권위주의를 탈피한 '소통'에 있었다. 허 감독은 주장을 선정하기 전 마음속으로 박지성 선수를 주장으로 낙점하고도 이영표 선수에게 먼저 주장 제안을 했다고 한다. 이영표 선수는 허 감독의 심중을 미리 꿰뚫고 주장에는 박지성이 제격이라고 답했다. 허 감독이 선수들과 꾸준히 소통을 했기 때문에 리더가 생각하는 그림을 선수들이 미리 알고 그에 맞게 대처할 수 있었던 것이다. 결국 주장으로 결정된 박지성 선수는 선수들의 의견과 건의 사항을 수시로 코칭스태프에게 전했고, 코치들은 주장에게 훈련 일정과 계획을 미리 전하며 활발히 소통했다. 이처럼 선수와 지도자 사이에 막힘없이 소통했기 때문에 원정 사상 첫 16강 진출이라는 쾌거를 달성할 수 있었다. 허정무 감독이 강조한 '소통'은 자신이 지도자라는 권위의식을 떨쳐버렸기 때문에 가능했다.

소통을 이끄는 진정한 리더가 되라

소통이 잘되는 회사를 만들기 위해 리더는 어떻게 해야 할까? 우선 모든 지시를 간단명료하게 해야 한다. 어려운 말로 지시해야 권위가 생긴다는 구시대적인 생각을 버리고 쉽고 명확하게 지시해야 업무 과정에서의 혼란이 없어진다. 또한 지시는 구체적이어야 한다. 이를 위해 리더 스스로 많이 알아야 하고 자신이 아는 것을 조직원에게 가르쳐줄 수 있어야 한다. '배워서 남 주나?' 하는 자세가 아니라 실제로 배워서 남을 줘야 한다. 예를 들어 "시장이 커 보이는데 우리 목표는 얼마냐?"라고 물어서는 안 된다. 경영자 자신이 미리 세부적인 사실을 알고 있는 상태에서 "시장 규모가 100만 대인데 우리의 마켓셰어(시장점유율)를 30%로 잡고 달성할 수 있는 사업 전략을 만들 것" 하고 구체적으로 지시해야 한다. 이렇게 하지 않으면 조직원이 목표를 맞추지 못해 헤매는 일이 생긴다.

간단명료하고 구체적으로 지시를 해야 현장까지 정확하게 전달된다. 리더의 지시나 전달 사항이 일선 사업장까지 가감 없이 전달될 때 전 조직이 일사분란하게 한 방향으로 나아갈 수 있다. 그럴 때 스피드 경영이 가능하다.

보고 체계도 효율적으로 만들어야 한다. 회사의 모든 직원이 CEO에게 이메일 보고를 할 수 있게 하고, 또 CEO는 직접 답장을 해줘야 한다. 보고를 할 때도 그 분야에 대해 가장 잘 아는 사람이 보고하게 해야 한다.

경영자는 다양한 계층의 직원들을 상대로 정기적으로 얼굴을 맞대며 '다이렉트 커뮤니케이션Direct Communication'을 하는 자리를 가져야 한다. 나 역시 경영혁신 워크숍, 본사 본부별 간담회, 사업소 혁신 간담회, 사업소 방문 직원간담회 등을 통해 직급과 계층에 관계없이 격의 없는 대화를 나누는 시간을 갖고 있다.

현대사회에서 성공한 기업들의 특징을 살펴보면 '소통이 잘되는 회사'라는 공통점을 발견할 수 있다. 조직 내의 원활한 소통은 빠르고 정확한 의사결정을 가능케 하고, 구성원을 한 방향으로 몰입하게 한다. 이런 점에서 소통의 중요성은 갈수록 부각되고 있다. 소통의 기업 문화를 회사 내에 완전히 정착시키기 위해서는 무엇보다 리더가 솔선수범하여 '권위주의'를 청산하는 자세를 가져야 한다. 그렇게 할 때 회사의 비전이 임직원의 가슴속에서 꿈틀거릴 수 있기 때문이다.

얼마 전 인천 강화도에서 직원 간담회 후에 자주 가던 횟집을 다른 곳으로 바꿨다. 그 이유는 내가 앉은 테이블에는 다른 테이블보다 두 세 가지 더 많은 회가 차려졌기 때문이다. 나는 평소 모든 행사나 식사 자리에서 사장이나 직원들에게 모두 똑같은 의자와 음식이 제공되어야 한다고 강조한다. 2010년 한전 확대 간부회의에서도 "권위주의 불식을 통한 기업문화 변화Culture Change 운동을 전사적으로 전개할 필요가 있다"라고 강조했다.

피터 드러커Peter Drucker는 진짜 리더는 사람들을 카리스마가 아닌 노력과 헌신으로 이끈다고 말했다. 진정한 권위를 가진 리더의 모습이 어떤 것인지 잘 드러내주는 말이라고 생각한다.

04

안정적인 노경관계를 구축하라

노사관계가 아니라 노경관계다

한국 기업은 수시로 발생하는 노사분규로 여전히 속을 앓고 있다. 그 문제의 원인이 누구한테 있는지 따지기 전에 기업은 기업대로, 국가는 국가대로 큰 손실이 아닐 수 없다. 일례로 한국의 대표적인 수출기업인 모 대기업은 1987년 이후 파업으로 인한 손실액이 무려 11조 원 정도에 달한다고 한다.

이렇듯 노사분규로 인한 파업은 국가경제의 발목을 심각하게 잡고 있다. 대부분의 노사분규는 경직된 노조관으로 인해 발생하는 것으로 여겨진다. 경직된 노사관계란, 단어의 의미처럼 노조와 회사 측이 서로 수직적 관계를 맺고 있다고 보는 것이다. 이러한 노조관은 많은 문제점을 안고 있다.

이제는 노조와 회사가 수평적 관계를 맺고 있다는 관점에서 서로 많은 노력을 기울여야 한다. 이러한 생각에서 LG의 전 CEO인 이헌조 회장님이 만들어낸 말이 바로 '노경勞經관계'다. '노경관계'란 말을 처음 듣는 분들은 고개를 갸웃거릴지도 모르겠다. 어떻게 노조와 경영자인 사측이 수평적 관계가 될 수 있느냐고 말이다. 혹은 말만 그렇지 실제로는 영 딴판이 아니냐고 생각하는 분도 있을 것이다.

이 자리를 빌려 말하지만 '노경관계'는 실제로 경영 현장에서 생겨난 말이다. 사실 경영자로 활동하던 초기만 하더라도 나는 기존의 노사관에 사로잡혀 있었다. 그래서 현장직원들을 지시와 명령의 대상으로만 생각했고 현장의 목소리에 귀 기울이지 못했다. 이러한 상황에도 회사가 안정되고 높은 생산성을 발휘한다면 얼마나 좋겠는가? 하지만 수직적 노조관의 한계는 너무나 분명했다.

진심으로 소통하라

창원 2공장 책임이사로 있던 1989년에 회사에 심한 노사분규가 일어났다. 당시에는 전국적으로 노사분규가 많던 시절이었다. 대대적인 파업이 벌어져 공장이 폐쇄되었고 노조는 100일간 투쟁을 벌였다. 당시 나는 근처 여관에 캠프를 치고 매일 현장에 나가 협상을 벌였고, 밤이 되면 밀고 당기기를 반복했다. 그러다 지치면 길거리건 차 안이건 가리지 않고 잠을 청했다. 그러다 다행스럽게 110일 만에 공장을 정상화시켰다.

이후 '왜 직원들이 저렇게 들고 일어났는가?'를 심사숙고해보았다.

처음엔 현실을 받아들이기 쉽지 않았지만, 가장 근본적인 문제는 권위주의적인 문화라는 생각을 했다. 간부들의 권위적인 문화가 직원들과의 소통을 크게 가로막고 있었던 것이다. 이때부터 우리는 회사 내부의 소통을 방해하고 있는 권위의식을 없애기 위해 노력했다. 처음으로 시도한 것은 '관리자와 근로자가 함께 식사하기'였고, 그 다음에는 '직원들에게 아침 인사하기'였다. 모든 일이 그렇지만 진정성이 없으면 아무런 효과가 없다. 오히려 역효과를 불러일으켜 반발을 낳을수도 있다. 처음 경영자와 관리 · 감독자가 아침에 인사를 할 때가 그랬다. 조를 짜서 매일 아침 1시간 전에 출근해 정문에 도열하여 출근하는 사원들에게 깍듯이 인사했다.

"반갑습니다."

"즐거운 하루 되십시오."

직원들은 냉담한 반응을 보였다. 반갑게 인사를 받아주는 직원은 거의 없었고, 심지어는 얼굴을 마주치지 않으려고 돌아서 지나가는 직원들도 있었다. 그래도 비가 오나 눈이 오나 매일같이 밖에 나가 인사했다. 처음에 인사할 때는 허리가 잘 굽혀지지 않았는데 몸에 배니까 인사도 자연스러워졌다. 그러면서 점차 내 몸에서 권위주의가 빠져나가는 것을 느낄 수 있었다. 그런 가운데 직원들도 서서히 사측의 진정성을 받아들이기 시작했다. 우리가 아침 인사를 하면 직원들도 맞장구쳐주었다. 머지않아 직원들과 나 사이의 벽이 스르르 무너지면서 투명해지는 것을 느꼈다.

한편으로 경영자와 관리직이 매번 교육장을 순회하면서 함께 대화하고 막걸리를 마셨다. 주말에도 사생활이 없을 정도로 노력한 결과 3년 만에 노사 안정을 되찾을 수 있었다. 그와 더불어 직원들의 의식 수준도 높아졌다. 예전에는 사원들이 사고를 치고 경찰서 유치장에 들어가는 일도 있었고, 명절이나 회사 야유회 행사 때 사고가 일어나는 일도 잦았다. 그런데 그런 일이 전혀 발생하지 않았다. 사업장에 일이 많을 때에는 잔업이나 특근을 즐기는 문화도 정착되었다.

이때 터득한 '노경관계'는 나중에 CEO에 취임해 회사를 이끌어갈 때 큰 도움이 되었다. 노조가 세계 최고 품질의 제품을 생산하는 일에 앞장서주었고, 고유가와 환율 변동 등의 경영 악재가 발생할 때는 임금 결정을 회사에 위임해주기도 했다. 이것이 바로 노경 간의 상생이었다. 당시 '노경상생'을 위해 노조위원장, 노조 간부들의 노고가 참으로 컸다. 이런 과정을 거치다 보니 20여 년 동안 단 한 건의 노사분규도 발생하지 않았다. 2005년에는 노사 화합의 공로로 노동부 선정 노사문화 대통령상을 수상했다. 다른 기업들이 노사 갈등으로 어려움을 겪을 때도 회사는 국내를 넘어 세계무대로 쭉쭉 뻗어갈 수 있었다.

나는 평소에 강의를 하면서 기회가 있을 때마다 이렇게 이야기한다.

"나부터 기득권 의식을 버릴 때 아래로부터 '권위'가 만들어지는 것이다. 그래서 권위는 있되 권위주의는 없어져야 한다."

존중하고 신뢰하는 투명한 관계

수십 년간의 기업 경영 경험을 바탕으로 만들어진 '노경관'은 다음 3가지로 요약할 수 있다.

첫째, 노조와 회사는 서로 존경해야 한다. 회사는 노동자를 성장을 위한 수단으로 보는 관점에서 탈피해 함께 성장해야 할 파트너로 생각하는 마인드를 가져야 한다. 또한 나이를 불문하고 노조 대표와 사측 대표는 서로 존댓말을 해야 한다. 사우스웨스트의 전 CEO 제임스 파커James Parker는 "대부분 노사 간 갈등의 근본 원인은 돈 문제가 아니다. 돈보다 중요한 것은 바로 존중이다"라고 말했다.

둘째, 노조와 회사는 서로 신뢰해야 한다. 회사는 수시로 노조와 대화하고 반드시 약속을 지켜야 한다. 절대 임시방편적인 약속을 남발해서는 안 된다.

셋째, 회사는 투명 경영을 해야 한다. 회사 경영진이 감추고 숨겨놓은 것이 있으면 안 된다. 분기별로 경영 상황을 투명하게 공개해야 하고, 노조 또한 현장의 목소리를 투명하게 전달해야 한다. 투명 경영을 하기 위해서는 정직이 무엇보다 중요하다.

가슴으로 만든 노경관계

세계적인 자동차 기업 도요타도 극심한 노사분규를 겪었다. 1950년 노조가 75일간 총파업을 벌였는데 이때 회사는 새롭게 상생하는 노사관계를 정립했다. 사측은 고용을 보장하고 형평성 있게 성과를 배분했으며 노조는 기본급 인상을 포기했다. 그 결과 1953년 이후 현재까지 무분규 기록이 이어지고 있다. 수평적이고 협력적인 노사관계를 기반으로 오늘날 세계적인 기업으로 발돋움할 수 있었던 것이다.

경영은 머리로 할 수 있을지 모르지만, 노경관계는 가슴과 발로 하

는 것이다. 노경관계에서는 경쟁에서 이기기 위한 경영 전략이 필요
한 것이 아니다. 그보다는 현장에 가서 근무하는 직원에게 어깨 한 번
툭 쳐주는 것이 더 중요하다. 흔히 경상도 사투리로 "니를 사랑한다
고 말로 해야 아나? 말 안 해도 알겠제" 하는 식으로 말이다. 그러면
그 직원은 따뜻한 미소로 화답할 것이다.

05

현장에서 움직이는
CEO가 되라

CEO는 외근 중

'축祝, 엘지 CEO 방문'

2003년, 중국의 어느 매장을 방문했을 때 매장 입구에 이런 플래카드가 걸려 있었다. 난징에 있는 '순링' 매장이었는데, 그곳은 우리나라로 치면 가전 양판점 같은 곳이다. 이곳 사장은 스물여섯 살부터 판매를 시작해 22억 달러 자산가로 성장한 사람이었다. 젊은 사장은 내가 방문해줘서 고맙다고 연신 인사를 했다. 나는 그에게 화답해주었다.

"우리 에어컨을 10만 대나 책임져주고 있는데 CEO가 안 찾아오면 되겠습니까?"

나중에 한국에 직접 찾아온 그 젊은 사장은 2004년에는 2배를 판매하겠다고 약속하고 돌아갔다. 나는 해외 출장을 가면 반드시 현장을 둘러본다. 특히 매장에 가 보면 우리 제품의 현지 인지도나 판매 상황 등을 한눈에 알 수 있어 큰 도움이 된다. 현장을 돌다 보면 사람은 물론 사업 기회를 얻는 일도 많아진다. 내가 사무실에 앉아서 지시만 하는 스타일이었다면, 중국의 그 젊은 사장 같은 사람을 얻기 힘들었으리라 생각한다.

2003년 LG전자 대표이사 부회장에 취임하면서 임직원들에게 약속한 게 있다. 업무 시간의 70%를 현장에서 보내겠다는 것이었다. 나는 이를 어기지 않고 실천에 옮겼다. 그래서 생긴 말이 "김쌍수 부회장은 외근 중 또는 야전 사령관"이다. 실제로 매일 오전 7시에 출근해 사무실에서 일과를 마친 후 곧바로 현장으로 달려갔다. 본사 임직원들에게도 토요 휴무일에는 쉬지 말고 생산현장을 찾으라고 적극 독려했다. 임직원들이 생산현장에서 직원들과 직접 대화하면서 직원들의 고충은 물론 생산현장의 문제점과 개선 방안 등을 파악하도록 했다. 또한 해외 출장을 갈 경우 한국인과 어울리지 말고 현지 직원들과 식사를 하면서 개선 방안을 파악하게 했다.

2005년 상반기의 경우, 나는 전체 근무 일수인 175일 가운데 72%인 126일을 국내외 사업장이나 연구소, 영업점에서 보냈다. 해외의 경우에도 미국 라스베이거스에서 열린 세계 최대 가전 전시회 'CES 2005' 참가를 시작으로 북미, 유럽, 러시아, 중국 등을 월평균 2회 이상 출장 방문했다. 출장 중에는 반드시 현지의 전자제품 유통점이나 주요 판매점을 둘러보았다. 이를 통해 제품에 대한 소비자의 반응과 고객의 다양한 취향을 파악했다. 또한 현지 사원들과 대화를 나누면서 '현장

의 목소리'에 귀 기울였다. 출장 기간 중 하루 스케줄은 보통 밤 11~12
시에 끝났다. 자정이 되어 공식 일정이 끝나면 현지 주재원들을 숙소
로 초대해 새벽 1~2시까지 현지 상황에 대해 토론했다. 국내에서도
현장 경영은 마찬가지였다. 주 2회 이상 국내 사업장, 연구소, 영업점
등을 방문해 직원들과의 스킨십을 통해 사기를 진작시켰다.

현장에서 몸으로 부대끼다

현장 경영에서 특히 주력한 것은 사업본부장 시절부터 해온 계층별
'트레킹 간담회'였다. 창원에서 사업본부장으로 일할 때 조직 활성화
방안으로 매년 5월이면 회사 간부와 노조 간부 200명을 이끌고 마산
적석산을 등반했다. 함께 산을 오르면서 많은 대화를 나누고 하산 후
에는 온천에서 목욕을 했다. 마지막으로 폐교 운동장에 텐트를 치고
바비큐를 함께 먹었다. 10월에는 부곡온천 호텔에서 1박 2일 일정으
로 금년과 내년 혁신 활동 보고대회를 가졌다.

'트레킹 간담회'의 이점은 3가지다. 첫째, 사업 전반을 고민하는 사
장이 현장직원에게 관심을 표시하면 직원은 감동을 받게 되는데 이로
써 직원들로부터 사기 진작을 이끌어낼 수 있다. 둘째, 사장 입장에서
는 현장직원들로부터 중간 간부의 보고와 다른 생생한 목소리를 들을
수 있다. 셋째, 등산을 할 때면 머리에서 엔도르핀이 솟아나 긍정적이
고 낙관적인 상태에서 일행이 하나가 될 수 있다.

본사로 부임한 후에도 '트레킹 간담회'를 계속했다. 주로 주말을 이
용해 강화도에서 아침 7시부터 저녁 5시까지 했다. 디지털미디어DM

사업본부의 과장급 이상 책임자들, 모바일커뮤니케이션MC 사업본부의 책임자 70여 명, 구미 디지털디스플레이DD 사업본부의 그룹장들과 간담회를 열었다. 여성 관리자 70여 명과도 함께 둑길을 걸으며 대화를 나눈 뒤 막걸리를 마시고 찜질방에 가는 시간을 가졌다.

2005년 러시아 모스크바 근교 루자 지역에 창원공장과 동일한 공장을 짓기로 예정되어 있었다. 서울 본사에서 공장의 설계도면만 보며 답답해하고 있던 나는 그 길로 모스크바로 출장을 떠나 영하 25도를 오르내리는 한겨울의 살인적인 추위 속에서 공사현장 관계자들을 만나고 돌아왔다. 그때 우리는 러시아인이 생각할 수 없는 사고로 일을 했다. 콘크리트 위에 텐트를 치고 온풍기를 틀어 콘크리트를 건조하는 식으로 작업하는 모습을 보고 감탄한 나는 그들에게 많은 격려를 보냈고, 본사에 더 적극적인 지원을 지시했다. 그 결과 예정된 1년 내에 성공리에 공사를 끝낼 수 있었다. 이렇듯 CEO가 현장에 직접 가본 것과 그렇지 않은 것은 하늘과 땅 차이다. 당시 내가 직접 러시아에 출장 가서 현지 상황을 파악한 것이 공장 건설에 큰 도움이 되었던 것이다.

2008년 한전에 취임하면서 내세운 슬로건 또한 '현장 경영'이었다. 한전의 경영효율성 극대화를 위한 결론은 '해답은 현장에 있다'는 것이었다. 한전 부임 직후부터 전국 20여 개의 1차 사업소와, 200여 개의 2차 사업소를 수시로 방문해 그곳 직원들과 허심탄회한 대화를 나누는 간담회 시간을 꾸준히 갖고 있다. 간담회를 마친 뒤에는 한 시간가량 'CEO 혁신특강'을 하면서 일선 사업소까지 혁신 철학과 회사의 비전을 공유하기 위해 노력하고 있다.

계층별 '트레킹 간담회' 역시 변함없이 진행하고 있다. 2009년 1월 강화도에서 열린 '여성 간부 직원과의 간담회'를 시작으로 춘천 소양강변, 담양 가마골 등 전국을 순회하며 10여 차례의 트레킹 간담회를 가졌다.

2010년 9월 대구 · 경북 지역 사업소 직원들과 안동에서 트레킹 간담회를 했을 때의 일이다. 트레킹 간담회 전날 사업소 직원들을 대상으로 특강을 마치고 만찬을 시작하려는데, 태풍 곤파스 때문에 충남 태안 지역에 정전이 발생해 복구 작업이 한창 진행 중이라는 긴급 연락을 받았다. 그 소식을 듣자마자 걱정이 앞서 저녁 식사도 하지 않은 채 곧바로 자리에서 일어나 차로 네 시간 거리인 태안으로 출발했다. 태풍의 영향권은 벗어났지만 깜깜한 시골길을 몇 시간 동안 헤맨 끝에 간신히 현장을 찾아갈 수 있었다. 복구 작업이 한참 진행 중인 현장을 직접 확인하고 양식장 등 피해 주민들을 직접 만나 위로하고 면담하다 보니 밤 12시가 넘었다. 지칠 대로 지친 몸을 이끌고 급히 늦은 저녁을 먹고 다시 태안에서 안동으로 향했다. 다음날 트레킹 간담회를 하기로 한 직원들과의 약속을 지키기 위해서였다.

안동에 도착한 뒤 두 시간 정도 수면을 취하고 다음 날 대구 · 경북 지역 직원 60여 명과 함께 트레킹 간담회에 참석했다. 당시 일부 직원들은 너무 무리한 일정이라 다시 돌아오지 못할 거라며 트레킹 간담회가 취소될 것으로 생각했다고 한다. 너무 피곤해서인지 트레킹을 하면서도 주변 낙동강의 풍광이 하나도 눈에 들어오지 않았다. 그때 트레킹에 참석한 현장 근무 전기원이 나에게 "회사에서 20년을 근무했는데 사장님과 직접 대화하는 건 이번이 처음입니다. 너무 감사하고 영광입니다"라고 말하는 것을 듣고, 속으로 '이래서 무리한 일정에도 직원들을 만나야 되는구나. 이것이 바로 혁신에 한 발짝 다가가는 현장 경영이구나' 하고 생각했다.

직급별·계층별로 나누어진 200여 명의 직원들이 모여 경영혁신 아이디어를 심도있게 논의하는 '계층별·직급별 경영혁신 워크숍' 역시 매월 한 차례 이상 시행하고 있다. 워크숍은 보통 금요일에서 토요일까지 1박 2일의 일정으로 진행되는데, 2008년 11월 '부장급 경영혁신 워크숍'을 필두로, '차장급 워크숍', '전기원 워크숍', 'KEPCO Way 내재화 워크숍' 등 20여 차례의 워크숍을 개최했다. 참가자들은 10여 개의 그룹으로 편성되어 'TDR 리더의 역할', '현장 개선 활동 우수사례'와 같은 회사 경영 개선과 관련된 주제를 놓고 2시간 동안 조별 토론을 벌인 후, 여기서 나온 개선 의견이나 아이디어를 CEO 앞에서 발표한다. 이러한 발표들을 모두 청취한 후 좋은 의견들은 즉시 업무에 반영하도록 지시하고, 워크숍을 마친 후에는 막걸리 잔을 함께 기울이며 좋은 아이디어를 발표한 직원들을 일일이 격려해주었다. 워크숍 이틀째인 토요일 아침에는 가까운 산을 함께 오르며 직원들과 대화하는데, 참가 직원들의 혁신에 대한 열의가 워크숍 이전보다 한층 높아진 것을 느낄 수 있었다.

생방송으로 경영하라

나의 현장 경영은 해외 언론을 통해 소개되기도 했다. 2005년, 미국 시사주간지 〈뉴스위크〉는 신년호에서 '현장 경영 Field Command'이란 제목으로 나의 현장 경영에 대해 호평했다. 〈뉴스위크〉는 나를 '움직이는 사람A Mobile Man'이라고 표현한 뒤 "업무 일정의 70%를 현장에서 보내는 김 부회장의 현장 철학의 힘을 바탕으로 LG전자는 삼성이나 소니의 뒤를 좇던 '2인자'에서 벗어나 선두에 설 수 있다는 희망을 갖게 됐다"고 소개했다. 잡지에 실린 인터뷰에서 나는 사무실이 '녹화방송' 같다면 현장은 '생방송' 같다고 피력했다. 분초를 다투는 비즈니스의 세계에서 경영자가 '녹화방송'을 봐야 할까, '생방송'을 봐야 할까? 답은 분명하다. 녹화방송은 이미 아무런 가치가 없는 정보나 마찬가지다. 경영자는 생생한 현장 소식을 전해주는 생방송에서 눈을 떼지 말아야 한다. 생방송을 보는 경영이 바로 '현장 경영'이다. 경영자는 경영자원이 많은 곳에 있어야 한다. 사무실의 탁자 위에서 얻을 수 있는 경영자원은 극도로 한정되어 있다. 현장 경영을 70% 이상 하면서 현장을 챙기다 보면 경영의 아이디어를 얻을 수 있다.

만약 제조업을 하는 업체가 본사는 서울에 있고 공장은 지방에 있다고 하자. 그럼 그 회사의 경영자는 본사에서 지방에 전화만 하고 지방에서 올라오는 보고만 받아서는 안 된다. 그 보고는 상당 분량 편집된 '녹화방송'이므로 실제 현장의 목소리를 잘 대변하지 못하기 때문이다. 따라서 경영자는 수시로 지방의 공장을 방문해 공장 라인과 부대시설을 꼼꼼히 살펴야 한다. 화장실의 수도꼭지가 고장 난 것까지

빠짐없이 파악해야 한다. 또한 직원들과 격의 없는 대화를 통해 회사 생활의 고충이나 공장의 개선점 등에 대한 정보를 얻어야 한다. 이를 바탕으로 경영자는 정확한 의사결정을 내릴 수 있으며 스피드 경영을 펼칠 수 있다. 우리나라의 '빨리빨리' 문화에 대한 비판이 많은데, 나는 지금의 2만 달러 시대가 오기까지 이 빨리빨리 문화가 스피드 경영에 많은 기여를 했다고 생각한다.

미국은 필드 중심의 경영이고, 일본은 오피스 중심의 경영이다. 나는 사무실에만 앉아 있으면 갑갑해서 못 참는 필드 매니지먼트 스타일이다. 기업 경영에서 가장 중요한 정보는 항상 현장에 있기 때문에 현장을 통해 다른 사람들과 다르게 보고 느끼려고 한다. 그렇다고 현장에서 사사건건 간섭하는 게 아니다. 문제가 제기된 그 자리에서 바로 판단하고 지시를 내려야 같은 일을 두 번 반복하지 않는다. 현장을 찾으면 머릿속에 담고 있던 사업 구상들이 보다 구체화된다.

월마트의 창업자 샘 월튼 Sam Walton 은 현장 경영의 중요성에 대해 이렇게 말했다.

"모든 구성원들의 말을 귀담아듣고, 그들로 하여금 입을 열게 하라. 고객을 직접 상대하는 직원은 최전선에서 어떤 일이 벌어지고 있는지 가장 잘 안다. 당신은 그들이 알고 있는 것을 파악해야 한다."

06

긴장감 넘치는
조직으로 만들어라

조직 파괴로 긴장을 불어넣다

"한전은 더 이상 공기업의 틀에 안주해서는 안 됩니다. 가장 효율적인 운영으로 최대의 부가가치를 만들어 그 편익을 국민과 함께 나누어야 합니다."

2008년 8월 한전 사장으로 취임하면서 강조했던 말이다. 한전은 100년이 넘는 역사를 가진 기업으로 산업의 원동력인 전력을 안정적으로 공급하면서 우리나라의 눈부신 경제성장에 공헌했다. 하지만 2000년대 후반 들어 국내 경제성장이 둔화하면서 그동안 매년 10% 내외로 꾸준히 성장하던 전력수요 성장률이 2020년 예측 기준 평균 5% 이하 수준으로 뚝 떨어지고 있다. 국내 전력 판매만으로는 예전과 같은 성장을 기대하기 어려운 상황에 놓인 것이다.

여기에 국제유가가 배럴당 150달러 수준으로 폭등하는 등 발전연료 가격이 천정부지로 치솟았고, 글로벌 금융위기로 인해 원-달러 환율이 1,500원대까지 오르는 바람에 외화부채 비중이 높은 한전의 상환 부담도 가중되었다. 창사 이래 유례가 없는 경영 위기에 직면한 것이다.

공기업은 정부를 대신해 공공재를 보다 싼 가격에 공급하는 역할을 하고 있다. 그러나 시간이 지나면서 '공익성'의 명분에 가려 '효율성'이 점점 퇴색해버리는 경향이 있다. 그러면 프로핏센터Profit center(수익 창출 우선 기업)가 아니라 코스트센터Cost Center(비용지출 우선 기업)의 입장에서 주어진 예산을 잘 집행하는 것이 일의 전부인 것처럼 인식하는 경우가 많다. 코스트센터 중심의 조직으로는 더 이상 살아남을 수 없다는 절박감이 든 나는 수익 창출에 초점을 맞춰 대대적으로 조직을 개편했다. 먼저 3개월에 걸친 정밀한 조직 진단을 통해 16개 판매(배전)사업소와 11개 송변전사업소를 13개의 송배전 통합 사업본부로 재편했다. 그 결과 1차 사업소가 48% 줄어들면서 의사결정이 빨라지는 스피드 경영이 가능해졌다. 이렇게 탄생한 송배전 통합 사업본부의 시너지 효과는 금방 나타났다. 단적인 예로 지하에 전력설비를 설치하는 데 필요한 지하 전력구 공간(전기를 보내기 위해서 지상에는 전봇대를 이용하여 전선으로 전기를 보내고, 지하에는 땅을 파서 전선을 부설하여 전기를 보낸다)을 예전에는 따로따로 관리했는데 통합 사업본부 내의 송변전사업소와 판매·배전사업소가 함께 공간을 쓰면서 커다란 원가절감 효과를 거둘 수 있었다. 2009년 초 경북 지역에 산불이 나서 송전선로

근처로 화재가 확산되자 통합 사업본부 소속의 송전 · 배전 직군이 함께 힘을 모아 산불 진화에 나섰다(산불이 나면 산속에 있는 철탑 사이의 전선에 불이 붙어 정전 사고가 발생한다). 송변전사업소와 판매 · 배전사업소의 업무 영역이 따로따로 분리되어 있었을 때는 화재 지역이 송변전사업소의 업무 영역이었기 때문에 판매 · 배전사업소 직원들은 불을 끄러 나가지 않았을 것이다. 이러한 시너지 효과와 더불어 고객서비스 기능이 강화되고 인적 자원을 효율적으로 활용할 수 있게 되었으며 의사결정이 빨라지면서 수익성 위주의 조직문화로 바뀌고 있다.

획기적인 인사 제도를 도입하다

조직 개혁의 일환으로 시행한 인사 혁신 역시 빼놓을 수 없다. 한전은 잠재 능력이 크고 조금만 동기부여를 하면 탁월한 성과를 창출할 수 있는 인재들을 많이 보유하고 있다. 그래서 이런 직원들의 잠재 역량을 극대화하기 위해 청탁이나 로비가 통하지 않는, 능력과 성과 중심의 인사 혁신을 강력하게 추진했다. 2009년 1월 있었던 정기 보직 이동 시에는 4,500여 개 전 간부 직위에 대한 '공개경쟁 보직제'를 도입했다. 전 간부 직원이 현재 자신의 보직과 관계없이 원점에서 전 직위를 경쟁하는 과정을 통해 본사 처장, 실장과 1차 사업소장의 76%가 교체됐고, 팀장 이상 40%(438명)의 인원도 교체됐다. 또한 보직 경쟁에서 탈락한 직원들은 무보직 발령을 받고 6개월 교육을 받은 뒤 업무 복귀나 완전 퇴출이 결정됐다. 이와 함께 직급과 관계없이 능력만 있으면 하위 직급도 상위 보직을 받을 수 있도록 하는 '전방위 보직인사'를 도입했다. 이를 통해 60명이 상위 직급에 보직되고 6명이 강등 보직되기도 했다. 인사 과정은 총 26시간 30분 만에 속전속결로 진행됐다. 인사 과정의 투명성을 높이기 위해 이전에는 한 달 정도가 걸리던 간부 직원에 대한 인사 기간을 하루로 단축한 것이다.

2009년 6월 있었던 승진인사 역시 로비와 청탁 개연성을 철저히 배제한, 능력과 성과 중심의 인사로 이루어졌다. 승격심사를 담당하는 심사위원회 구성부터 획기적으로 바꿨다. 이전에는 2직급 이상의 고위간부로만 위원회를 구성했지만 이를 차장급까지 확대했다. 많아야 50명 안팎이었던 심사위원 후보군을 4,700여 명으로 확대하여 혹시 있을지 모를 심사위원에 대한 청탁 가능성을 차단한 것이다. 심사위원은 4,700여 명의 후보군 중에서 컴퓨터로 무작위 선발토록 했으며, 이렇게 선발된 심사위원들은 외부와 격리된 장소에서 하루 동안 업무 실적, 경력 사항 등의 데이터만을 갖고 공정한 심사를 벌였다.

이로써 열심히 일해 능력을 인정받으면 빨리 승진할 수 있다는 공감대가 퍼졌다. 그와 함께 생산적인 경쟁 심리가 발생하여 직원 전체적으로 긴장감을 갖게 되었다. 이러한 조직·인사 개편은 '한전이 뒤집어졌다', '26시간 30분 동안의 007 인사'와 같은 타이틀로 언론에 대서특필되기도 했고, 민간기업에도 벤치마킹 대상이 될 정도로 성공적인 혁신 사례로 평가받았다.

깨진 유리창을 없애라

건물의 깨진 유리창을 그대로 방치하면, 행인들이 그 건물을 관리하지 않는 것으로 보고 돌을 던져 나머지 유리창마저 모조리 깨뜨리는 일이 생긴다. 이 '깨진 유리창' 법칙은 사소한 문제를 방치할 경우 더 큰 문제를 불러올 수 있다는 경고의 의미를 담고 있다. 큰 사고는 우연한 계기나 어느 순간 갑작스럽게 발생하는 것이 아니라 그 이전에 경미한 사고들이 반복되는 과정 속에서 발생하기 때문에, 큰 재해의 발생을 막기 위해서는 항상 사소한 것들을 방치하지 말아야 한다.

이 법칙은 기업에도 고스란히 적용할 수 있다. 디즈니랜드는 깨진 유리창을 미리 없애 고객의 호응을 얻고 큰 수익을 얻을 수 있었다. 디즈니랜드에 놀러온 고객들은 4분짜리 놀이기구를 타기 위해 긴 줄을 서서 한참 기다려야 했다. 이 문제를 알아차린 디즈니랜드는 '패스트 패스fast pass 제도'를 마련해 입장권에 예약 시간이 찍히게 했다. 이로써 고객들은 예약한 시간을 기다리는 동안 다른 놀이기구를 즐기면서 시간을 헛되이 보내지 않을 수 있었다.

한전에서도 이런 깨진 유리창 때문에 큰 문제가 발생하지 않도록 관리하고 있다. 한전의 사업은 안전을 담보로 하는 것이 결코 아니기 때문에, 임직원의 안전을 비즈니스보다 훨씬 더 중요하게 여기고 있다. 사소한 방심이나 부주의 같은 안전 불감증 때문에 돌이킬 수 없는 사고가 발생하지 않도록 안전관리에 각별한 주의를 기울이고 있다. 전기설비 보수 작업, 특히 전선에 고압전류가 흐르는 상태에서 하는 활선 작업은 작업 특성상 높은 사고 위험이 내재되어 있다. 따라서 관리자는 작업자의 신체적·정신적 준비 상태를 철저히 점검한 후 불안 요소가 있는 경우에는 작업을 금지시키고 있다.

이와 함께 한전은 노조와 합동으로 장비와 안전 장구에 대해 일제히 점검을 실시하여 문제점에 대해서는 즉시 개선하고 있으며, 사업소에 대한 특별 안전진단을 시행하여 현장 업무 시스템 전반에 걸쳐 안전이 정착될 수 있도록 하고 있다.

한전은 국민의 기업으로 그동안 국가발전에 많은 기여를 해왔다. 그래서 나는 평소 직원들에게 우리가 가진 장점을 적극적으로 홍보해야 한다고 자주 이야기한다. 한전은 국민들이 전기로 인한 불편을 일상생활에서 전혀 느끼지 못하도록 양질의 전기를 성실하게 공급하고 있다. 미처 느끼지 못할 수도 있지만, 우리 주위에는 이 순간에도 전신주와 철탑, 변전소 같은 시설에서 위험과 싸우며 묵묵히 일하는 한전 직원들이 많다. 이러한 면을 간과하고 회사에 대한 사소한 불만을 과장하여 주위 사람들에게 무심코 말하다 보면 부정적인 입소문을 타는 경우가 생겨, 결과적으로 깨진 유리창처럼 한전에 치명적인 결과를 불러올 수도 있다. 그렇기 때문에 이런 사소한 문제로 엄청난 결과를 낳는 깨진 유리창을 차단하기 위해 평소 긍정적인 태도와 생각으로 일할 것을 당부하고 있다.

적당한 긴장은 위기에 강한 조직을 만든다

미지근한 물이 들어 있는 비커에 개구리를 넣고 서서히 열을 가하면 개구리는 자신이 익어가는 줄도 모르고 따뜻한 물속에서 서서히 죽어간다. 하지만 펄펄 끓는 뜨거운 물에 개구리를 넣으면 놀란 개구리는 뜨거워서 바로 뛰쳐나온다. 이처럼 모든 조직에 적당한 긴장은 반드시 필요하며, 긴장이 있을 때 조직의 성과는 더욱 좋아진다. 이러한 측면에서 위기는 혁신의 좋은 기회다. 위기는 자칫 나태해지고 현실에 안주하고자 하는 조직원들에게 긴장감을 불어넣고 혁신의 필요성에 대한 공감대를 만드는 촉매제로 작용한다. 2008년 글로벌 금융위기와 기록적인 고환율, 에너지가격 폭등은 결과적으로 한전의 구성원들이 혁신의 필요성을 더욱 절실히 느끼고 혁신 활동에 동참하게 하는 계기를 만들어주었다.

2001년 미국에서 시가총액 7위의 에너지회사 엔론이 파산했고, 100년이 넘는 역사를 가진 리먼브라더스 역시 글로벌 금융위기 속에서 일순간에 사라졌다. 비즈니스 세계에 영원한 1등은 없으며 부단한 변화와 혁신 없이는 어떠한 기업도 영속성을 보장받지 못하는 것이 냉엄한 현실이다. 기업의 리더는 조직에 적당한 긴장을 불어넣고 이를 혁신의 동력으로 활용할 줄 알아야 한다. 이를 위해서는 리더 스스로 누구보다 많은 고민을 해야 하며, 한시도 긴장을 늦추지 말아야 한다.

PART3

PEOF

GREAT C

라이트 피플이 되라

'라이트 피플'은 우직하게 앞만 보고 열심히 일하는 사람을 말한다. 그들은 쉽고 편한 길을 택하기보다는 꾀부리지 않고 한 걸음씩 성실하게 하루하루를 살아가는, 평범하지만 비범한 사람들이다. 위험을 감수한 도전을 멈추지 않고 꾸준히 노력해 탁월한 성과를 내는 사람이야말로 진정한 인재다. 바로 이런 라이트 피플이 많은 회사가 '위대한 기업'으로 성장할 수 있다.

혁신 10계명

우직하게 도전하라
회사와 나의 비전을 일치시켜라
평생 직업이 될 수 있는 역량을 키워라
좋아하는 일에 미쳐라
책을 손에서 놓지 마라
혁신을 주도하는 리더가 되라

01

우직하게 도전하라

똑똑한 인재가 아니라 라이트 피플이다

옛날 태형산과 왕옥산 사이의 좁은 땅에 우공이라는 노인이 살고 있었다. 집 앞뒤로 높은 산이 가로막고 있어 멀리 돌아서 왕래해야 했다. 하루는 우공이 가족을 모아놓고 물었다.

"나는 집 앞뒤의 산을 깎아 없애고, 예주와 한수 남쪽까지 곧장 길을 내고 싶은데 너희 생각은 어떠냐?"

다른 가족은 모두 찬성했지만 그의 아내만 반대했다.

"늙은 당신이 어떻게 저 높은 산을 깎아 없앤단 말인가요? 파낸 흙은 어디에 버릴 겁니까?"

"발해에 갖다 버릴 거요."

다음 날 우공은 세 아들과 손자들을 데리고 산으로 갔다. 산에서 파낸 돌과 흙을 삼태기에 담아 발해에 가서 버리기 시작했다. 이를 본 지수가 비웃으며 말했다.

"죽을 날이 얼마 남지 않은 노인이 망령이 났구나."

그러자 우공이 말했다.

"내가 죽으면 아들이 하고, 아들이 죽으면 손자가 하고, 이렇게 자자손손 계속하면 언젠가 저 두 산을 깎아낼 날이 올 것이오."

이 이야기를 듣고 산을 지키는 산신령이 깜짝 놀랐다. 산신령은 옥황상제에게 이 일을 못하게 해달라고 호소했다. 하지만 옥황상제는 우공의 끈기에 감동하여 두 산을 다른 곳으로 옮겨주었다.

'우공이산愚公移山'이라는 고사성어에 얽힌 이야기다. 여기에 나온 우공 같은 사람이 바로 내가 생각하는 '라이트 피플'이다. 이는 끝까지 포기하지 않고 끈기 있게 도전해 뜻을 이루는 우공처럼 강한 의지와 실행력으로 한 가지 목표에 '우직'하게 도전해 성공하는 인재를 말한다.

특히 나는 어리석고 고지식한 뜻을 가진 '우직愚直'이란 말을 좋아한다. 우공에게는 바로 이런 우직한 속성이 있었다. 그는 오로지 하나의 목표를 향해 어리석을 정도로 매진했고 마침내 목표를 달성했다. 이러한 '우직함'이야말로 '라이트 피플'에게 필요한 덕목이다.

많은 사람들이 내게 묻는다. "인재라면 역시 '똑똑한 인재Best People'가 최고이지 않습니까?" 사실 대부분의 경영자는 똑똑한 인재를 최고의 인재라고 생각한다. 하지만 나는 최고의 인재는 똑똑한 인재가 아니라 바른 인재, 즉 '라이트 피플'이라고 생각한다.

CEO의 자리에 오르면 도처에 수많은 인재들이 널려 있다는 것을 알게 된다. 인재들은 대표적으로 두 부류가 있다. 삼고초려를 불사하고 모셔와야 할 천재적인 인재가 있는가 하면, 천재는 아니지만 우직하게 앞만 보고 일을 하는 인재가 있다. 그런데 회사라는 거대 조직을 이끌어가는 CEO 입장에서는 전자와 같은 인재도 필요하지만 조직적인 역량 측면에서는 후자 같은 인재가 더욱 절실하다. 왜냐하면 그런 인재들은 적재적소에서 제 역할을 묵묵히 해주기 때문이다. 회사라는 조직은 이러한 '라이트 피플'들이 기둥처럼 떠받쳐주기 때문에 성장할 수 있다.

2003년 초에 아프리카 출장을 갔을 때다. 그곳의 모 현지법인의 대표와 대화를 하다가 "기대 밖의 큰 성과를 냈는데 어떻게 노력하셨습니까?" 하고 질문을 던진 적이 있다. 그러자 그는 아프리카에서 1등으로 성공하기 위해서는 흑인들의 체취를 향수처럼 느끼고, 흑인 여성이 세계 최고의 미인처럼 보여야 한다고 대답했다. 그 말을 들으면서 '아, 이런 사람이 바로 내가 이야기하는 라이트 피플이구나' 하는 생각을 했다.

테헤란에서 열린 LG컵 국제축구대회 참석차 모 법인에 다녀오던 길에서도 이런 인재를 만날 수 있었다. 당시 그 나라의 항공기 대부분은 구소련제가 많았는데, 이 기종은 추락 사고가 잦은 것으로 알려져 있었다. 그래서 법인 직원들에게 "당신들도 비행기를 조심하라"고 충고했더니 이런 대답이 나왔다. "이 비행기는 보통 1년에 2대 정도 추락하는데, 올해 벌써 2대가 추락했기 때문에 당분간은 걱정 없습니다." 그 대답을 들은 순간 가슴이 뭉클해졌다. 기업에 정말로 필요한 사람은 이처럼 열악한 환경 속에서도 몸을 던져 시장을 개척하는 '라이트 피플'이다.

2000년 중반 두바이로 출장 갔을 때 3개월 전에 부임한 중동 지역 모 법인장을 만난 적이 있다. 그는 나를 보자마자 보고 건과 결재 건이 있다며 말문을 열었다. 결재 건부터 보자고 했더니, 구두 결재 건이라고 하면서 "중동에서 사업하기 위해 수염을 길러야 되겠는데 괜찮겠습니까?"라고 물었다. 나는 이 법인장이 과거 중동에서 근무할 때도 현지인 같은 차림으로 자유롭게 아랍어를 구사하며 생활했다는 것을 이미 알고 있었다. 그래서 흔쾌히 그렇게 하라고 대답해주었다. 이 법인장처럼 사업을 성공시키기 위해 현지 문화를 이해하고 현지인처럼 생활하려고 노력하는 자세를 가진 사람 역시 '라이트 피플'이라고 할 수 있다.

라이트 피플의 조건

라이트 피플의 특징은 '위험을 감수한 도전을 끊임없이 한다Risk Taking'는 점이다. 세계 최초로 에베레스트 정상과 남극, 북극을 정복한 산악인 허영호는 이렇게 말했다. "현실에 안주하는 삶에서 벗어나 최고를 향해 끊임없이 도전하는 진취적이고 적극적인 사고방식을 가져야 한다."

그는 최악의 조건을 갖춘 세계 최고봉을 불굴의 도전 정신으로 세 차례나 정복했다. 1987년 처음으로 에베레스트를 정복한 이후, 1994년 에는 무산소로 6일 만에 에베레스트 등반에 성공했다. 이후 2007년에 는 20년 만에 세 번째로 에베레스트를 정복했다. 7대륙 최고봉을 모두 정복한 그에게 또다시 새로운 도전의 과제가 다가왔다. 북극과 남극 탐험이었다. 하지만 이번엔 결코 만만치 않았다. 혹독한 환경으로 한 번의 실패를 맛본 후에야 남극과 북극의 극점을 정복할 수 있었다. 이 제 허영호의 도전은 중단된 걸까? 아니다. 그는 이후 어릴 적부터 꿈 이었던 경비행기 조종사가 되었다. 경기도에서 제주도까지의 비행에 나선 그는 한 번의 실패를 겪은 후 재도전해서 성공했다. 그 후 제주 에서 독도까지 가는 비행에도 성공했다.

《좋은 기업을 넘어 위대한 기업으로Good to Great》의 저자 짐 콜린스Jim Collins는 위대한 기업을 만들기 위해서는 함께 일할 수 있는 '라이트 피플'을 찾는 게 최우선이라고 했다. 그렇다면 라이트 피플이 되기 위 해서는 어떻게 해야 할까? 내가 생각하는 라이트 피플은 다음 5가지 조건을 갖춘 사람이다.

① 항상 성실한 자세로 최선을 다한다

요령이나 잔꾀를 부리지 않고 우직하게 앞만 보고 나아간다. 나의 40여 년 동안의 사회생활 경험에 비춰 봐도, 요령이나 잔꾀를 부리는 사람은 눈앞의 작은 성과를 내고 당장의 화는 모면할 수 있어도 회사 에서 결코 오래가지 못했다. 묵묵히 자신의 일을 다 하고 정도를 걸은 사람이 장기적인 관점에서 보면 자신의 분야에서 최고의 자리에 오른 것을 알 수 있었다.

② 건강을 유지해 정신력의 바탕으로 삼는다

비즈니스맨이라면 누구나 자신만의 건강관리 노하우가 있어야 한다. 내 경우에는 매일 아침 5시에 일어나 1시간 동안 헬스클럽에서 운동하는 일을 수십 년째 하루도 거르지 않고 꾸준히 하고 있다. 외국에 출장 갈 때도 헬스클럽을 예약해서 빠지지 않고 운동한다. 튼튼한 몸에서 혁신 에너지가 솟구친다는 점을 명심하라.

③ 신속한 판단력과 실행력을 겸비한다

주변 상황에 따라 이리저리 끌려 다녀서는 주체적인 판단을 할 수 없다. 다양한 데이터를 충분히 숙지한 후 최종적으로 자기 자신의 영감으로 판단하고 지체하지 말고 결정해야 한다. 우물쭈물하는 사이에 경쟁자는 이미 실행에 옮기기 때문에 빠른 판단과 결정이 중요하다. 그리고 이렇게 결정한 것은 반드시 실행에 옮겨 높은 성과를 만들어 내야 한다.

④ 자신의 일을 즐기며 열정적으로 몰입한다

회사에서 어려운 일을 맡겼을 때, '왜 나에게만 이렇게 힘든 일을 시키나?'라고 생각해서는 안 된다. '상사가 나를 믿고 신뢰해서 중요한 일을 맡기는구나. 이건 좋은 기회다. 한번 도전해보자'라는 능동적인 자세를 가져야 한다. 이런 적극적인 자세를 가진다면 자신의 일을 즐기면서 높은 성과를 창출할 수 있다. 천재는 노력하는 사람을 못 당한다.

⑤ 끈질기게 노력하면 자연스럽게 운도 뒤따른다

지성이면 감천이라는 말이 있다. 2009년 말 한전이 UAE 원전을 수주할 때 UAE의 어떤 높은 분이 내게 이런 말을 했다. "You're very aggressive! (당신들은 정말 적극적으로 일하시는군요!)" 이 말은 워룸에서 적극적으로 원전 수주를 준비한 한전의 모습에 감동받아 한 말이다. 이런 것들이 뒷받침되어 해외 원전 수출이라는 놀라운 결과를 낳았다고 생각한다. 운도 실력이 있어야 따르는 것이다.

천재들의 번뜩이는 아이디어를 중심으로 혁신을 추구하는 미국의 기업과 달리 한국과 일본의 기업은 조직 차원에서 혁신을 추구하고 있다. 즉, 우수한 인재들이 소그룹을 이뤄 함께 머리를 맞대며 불철주야 혁신 활동에 매진하고 있다. 우리 한국 기업에는 바로 이런 라이트 피플이 가득해야 한다. 이런 인재가 조직 구성원의 60% 이상을 이루고 적재적소에서 제 역할을 수행한다면, 그 기업은 반드시 위대한 기업이 될 수 있다.

02

회사와 나의 비전을
일치시켜라

주인의식을 가져라

《비전으로 가슴을 뛰게 하라Full Steam Ahead!》에는 이런 이야기가 나온다.

건물을 짓는 세 사람에게 기자가 무슨 일을 하느냐고 물었더니, 첫 번째 사람은 불만이 가득한 얼굴로 "보면 모르시오. 벽돌을 쌓고 있지 않소"라고 했고, 두 번째 사람 역시 불만스러운 얼굴로 "시간당 2달러 법니다"라고 했다. 그러나 마지막 사람은 달랐다. 그는 아주 밝은 표정으로 "커다란 성당을 짓고 있습니다"라고 말했다. 마지막 사람은 조직의 목표를 이해하고 자신의 비전으로 삼았기에 자신이 하는 일에 높은 가치를 부여했다. 이처럼 회사의 비전과 직원의 비전이 일치할 때 직원은 강한 동기를 부여받는다. 그리고 회사의 성장과 성공이 곧

나 자신의 성장과 성공이라는 생각을 갖게 된다. 이럴 때 직원들은 회사와 팀과 유기적인 관련을 맺으며 자신의 역량을 최대한 발휘하려고 노력한다. 그렇기 때문에 나는 회사의 비전과 직원의 비전이 일치되는 것을 매우 중요하게 생각하며 늘 강조하고 있다.

마음으로 하나가 돼야 비로소 공동체가 됩니다. 회사의 발전이 곧 나의 발전이라는 생각으로 회사와 나는 하나라는 마음을 가지면 좋겠습니다. 그러면 일이 즐거워집니다. 회사의 비전과 나의 비전이 같아야 하고, 또한 일을 통해 우리는 행복fun을 함께 만들어야 합니다.

기본적으로 회사의 비전과 가치를 잘 이해하고 이를 잘 따르는 직원이 많을수록 회사가 크게 성장할 수 있다. 하지만 단지 돈을 많이 벌기 위한 목적으로 근무하는 직원들이 모인 회사가 적지 않은 실정이다. 그래서일까? 직장인들, 특히 젊은 층을 중심으로 점점 이직률이 높아지고 있는 게 현실이다.

이제 직장인들은 회사와 자신이 함께 성장한다는 마인드를 가져야 한다. 현재 자신이 근무하고 있는 회사가 비록 적은 급여를 주더라도 회사의 비전과 자신의 비전을 일치시켜 주인의식을 갖고 근무하는 자세가 필요하다. 오늘날 세계적인 기업으로 칭송받는 기업들도 처음에는 보잘것없는 기업이었던 경우가 적지 않다. 재정 상태가 열악하고 또 변변한 인재가 없는 상태에서 꾸준히 기술을 개발한 끝에 도요타나 교세라처럼 세계적인 기업으로 성장한 경우도 많다.

이름도 없는 기업이 세계적인 기업으로 발돋움할 수 있었던 데에는 직원들의 공이 컸다. 직원들은 회사의 비전에 자신의 미래를 투영하고 온 열정을 바쳐 회사를 위해 일했다. 그들은 연봉이 높은 회사보다는 자신의 비전에 부합하는 회사를 선택한 것이다.

회사의 비전에 미래를 걸다

39년간 한곳에서 근무할 수 있었던 것도 회사의 비전에 인생을 걸었고, 회사의 비전에서 나의 미래를 발견했기 때문이다. 1969년 처음 냉장고를 만드는 공장에 입사할 때만 해도 다른 입사 동기들은 가능하면 근무 환경이 열악한 공장보다는 근무 여건이 좋은 본사 근무를 선호했다. 하지만 나는 현장에서 주어진 일을 묵묵히 해나갔다. 가전제품으로 세계시장을 석권한다는 회사의 비전이 항상 내 가슴속에서 뛰고 있었기 때문이다.

회사의 비전을 성취하기 위해 나는 한시도 쉬지 않고 일에 몰두했다. 1980년대 중반 공장장을 맡고 있을 때의 일이다. 마침 일본 출장을 다녀왔는데, 부산 공항에 도착하니 평소와는 달리 온 식구가 마중 나와 있었다. 반가운 마음에 온 가족이 점심식사를 한 후 집으로 향했다. 그런데 타고 있던 차가 우리 집이 있는 아파트 단지를 그냥 지나쳤다. "집에 안 가고 어딜 가느냐?"고 물었더니 출장 간 사이에 다른 곳으로 이사했다는 대답을 들었다. 이처럼 회사에 다니는 동안 몇 차례나 이사를 하고 집을 사고팔았지만, 계약서를 한 번도 본 일이 없을 정도로 회사 일만 열심히 했다.

또 한번은 이런 일이 있었다. 창원공장 본부장으로 있을 때 조직 활성화를 위한 트레킹 간담회에 이어 술자리를 마치고 귀가한 뒤 피곤을 못 이기고 평소처럼 방에서 잠을 청했다. 그런데 다음 날 새벽 깨어보니 집에 아무도 없었다. 나중에 알고 보니, 가족들이 딸의 생일이라 모처럼 밖에서 저녁을 먹고 집에 들어왔는데 아무리 초인종을 누르고 문을 두드려도 내가 소리를 못 들었고, 문이 잠겨 있는 바람에 할 수 없이 근처 친구 집에서 하룻밤 신세를 지고 온 것이었다. 너무 깊이 잠이 든 탓에 벌어진 해프닝이었다. 1987년 태풍 셀마가 전국을 강타했을 때는 태풍에 기왓장이 날아들어 집 창문이 깨지는 상황이 발생한 것도 모르고 내가 일하던 창원공장의 피해 복구에 몰두했던 일도 있었다.

돌이켜보면 당시 나는 비전 성취를 위해 회사 일에 완전히 도취되어 있었다. 회사가 나이고 내가 곧 회사인 것처럼 열정적으로 일을 수행했다. 무명 엔지니어였던 나는 시간이 흘러 CEO가 되었다. 그동안 내가 성장하면 회사가 성장했고, 회사가 성장하면 내가 성장하기를 반복한 끝에 이루어진 결실이었다.

비전을 공유하고 전파하다

CEO에 오른 뒤 전자정보통신 부문 '글로벌 톱3Global Top 3'를 달성하자는 회사의 비전을 임직원 모두의 비전으로 받아들이도록 주문했다. 이 목표는 회사만의 목표가 아니라 우리 자신의 목표임을 강조했다. 또한 이 목표를 '나의 목표'로 인식하는 것이 주인의식이며, 주인의식이야말로 목표를 향해 도전하는 가장 강력한 동기가 될 것이라고 강조했다. 당시 회사에는 투철한 주인의식을 갖고 목표를 위해 최선을 다하는 사람들이 많았다. 이들은 회사가 성장하는 과정에서 본인들도 함께 성장하고 있었다. 사실 '글로벌 톱3'를 목표로 삼은 것은 자부심을 가질 만한 자랑스러운 회사를 우리 손으로 만들어 개개인의 삶도 보다 의미 있게 디자인하자는 취지였다. 앞으로는 임직원 개개인이 회사와 함께 성장해야 한다. 자신에게 주어진 모든 일에 스스로 주인이 되어 능동적으로 나서는 것이야말로 자신의 성장을 도모하고 조직 생활에 활력을 주는 가장 효과적인 길이기 때문이다.

이러한 노력 끝에 마침내 회사는 글로벌 컴퍼니가 되었다. 놀랍게도 회사 임직원의 비전이 성취된 것이다. 이는 수많은 임직원이 주인의식을 갖고 회사의 비전과 자신의 비전을 일치시키는 데 적극 앞장서준 결과였다.

한전 사장으로 취임한 이후 역점을 두고 추진한 일 역시 회사의 비전을 정립하는 것이었다. 국내 전력시장의 성장이 정체된 상황에서 좁은 국내 시장에 매달려서는 회사의 미래가 없었고, 넓은 해외 무대에서 성장 동력을 만들 수 있는 새로운 비전이 필요했다. 그래서 외부 컨설턴트와 회사의 정예 요원들로 구성된 TDR 팀을 통해 '글로벌 톱5 에너지 & 엔지니어링 컴퍼니 Global Top5 Energy & Engineering Company'라는 2020 비전을 완성했다.

가슴을 울리는 멋진 비전을 만드는 것도 중요하지만 비전이 사무실 액자에만 걸려 있는 문구에 그쳐서는 아무런 의미가 없다. 전 직원이 비전을 이해하고 그것을 자신의 비전으로 공유할 수 있게 하는 것이 무엇보다 큰 과제였다. 나는 비전 전도사가 되어 전국 사업소를 매월 2~3군데씩 다니며 비전 특강을 꾸준히 시행했다. 여기에 직원들이 회사의 비전을 공유할 수 있도록 만들기 위해 전 직원이 개인 비전을 만들어 타임캡슐에 담았다가 2020년에 꺼내 볼 수 있도록 했다. 한전의 비전은 가깝게는 10년, 멀게는 20~30년 이상을 내다본 것이다. 나는 직원들에게 "내 재임 기간 동안에는 비전에 대한 든든한 토대를 만드는 데 주력할 것이다. 10년, 20년 후에 회사의 비전이 달성됐을 때 위대한 기업의 일원으로 당당히 자리매김하는 모습을 그리며 도전하자"고 주문하고 있다.

위대한 기업을 만드는 비전 공유

그동안 나는 주변에서 일에 대한 의미 부여를 잘못하는 경우를 자주 보았다. 그들은 자신에게 막중한 일이 주어지면 회피하려고만 하고, 또 업무량이 많으면 불평하기 바빴다. 주어진 일을 정해진 업무시간 내에만 하면 되는데 왜 자신이 고생을 하느냐는 것이었다. 또한 다른 회사와 비교해 자신이 받는 급여가 적다고 불만을 표시했다. 이런 부류의 직원들은 회사와 자신이 함께 성장한다는 생각을 갖지 못하고 있었다. 어렵지만 큰 프로젝트를 수행하는 것이 자신의 성장을 돕고, 이를 통해 회사가 발전한다는 사실을 깨닫지 못한 것이다.

과거에 나는 해외 출장을 갈 때마다 회사 광고가 어디에 몇 개나 걸렸는지 경쟁사의 광고와 비교하며 파악해 마케팅 전략에 참고했다.

비행기에서 잡지를 볼 때도 좋은 개념을 담은 광고를 발견하면, 승무원에게 부탁하여 발췌한 다음, 나중에 마케팅 회의 시 모범 사례로 제시하곤 했다. 아파트가 보이면 우리 회사 에어컨이 몇 대나 달려 있는지 하나하나 셀 정도였다. 이렇게 자세히 살피다 보면 그 지역의 시장 점유율이 어느 정도인지 알 수 있었다. 그리고 이것을 마케팅 전략 수립에 참조했다. 이런 일은 한전에 와서도 마찬가지다. 차를 타면 늘 지상기기나 전봇대 같은 설비에서 눈길이 떨어지는 날이 없다. 불법 광고전단이 붙어 있거나 쓰레기가 쌓인 지상기기를 발견하면 곧바로 관련 부서에 연락해 조치를 취했다. 이와 같이 회사의 일에 완전히 몰입하도록 하는 것이 바로 '비전 공유'다. 회사의 비전과 직원의 비전에 한 치의 틈도 보이지 않으면 회사와 직원은 혼연일체가 되고, 이를 통해 애사심도 고취된다.

직원이 가는 방향과 회사가 가는 방향이 정확히 일치되어야 비로소 위대한 결과를 달성할 수 있다. 회사의 비전과 직원의 비전이 일치하면 일에 대한 동기부여가 될 뿐 아니라 창의력이 배가되며, 강한 소속감이 생긴다. 그럴 때 회사는 단지 '일'을 하는 곳이 아니라 '자아 성취의 장'이 된다.

나는 직원들에게 자주 "Right People make Great Company, Great Company makes Right People"이라고 말한다. 회사의 비전을 개인의 비전으로 공유하고 우직하게 앞을 향해 나아가는 '라이트 피플'이 '위대한 기업'을 만들고, '위대한 기업'은 회사의 구성원들을 '라이트 피플'로 만든다는 말이다.

03

평생 직업이 될 수 있는
역량을 키워라

스페셜리스트가 되라

포정이 문혜군에게 올릴 음식을 만들기 위해 소를 잡고 있었다. 한 손으로 쇠뿔을 움켜쥐고, 어깨로는 무게를 견뎌내며 무릎을 세워 발로 짓누른 채 칼질을 했는데, 그 소리가 바람을 가르듯 경쾌하게 울려 퍼져 마치 음악을 연주하는 듯했다. 상림의 장단에 견줄 만한 훌륭한 솜씨였다. 이 모습을 그윽이 바라보던 문혜군이 감탄해 말했다.

"아! 훌륭하구나. 어찌 이리 훌륭한 재주를 지닐 수 있단 말인가?"

포정은 칼을 내려놓고 대답했다.

"저는 기술이 아닌 도를 추구합니다. 소를 처음 다룰 때는 온전한 소 한 마리를 다루겠다고 덤벼들었습니다. 하지만 3년 정도 흐르고 나니, 온전한 소 대신 다루어야 할 부위만 눈에 들어왔습니다. 게다가 지금은 눈이 아닌 마음으로 소를 대하는 경지까지 이르렀습니다. 자연의 이치에 따라 크게 느껴지는 틈이나 공간에서 칼을 다루다 보면 설령 뼈와 힘줄이 뒤엉켜 있어도 실수가 없으며, 큰 뼈조차 익숙하게 바를 수 있습니다. 뛰어난 조리사가 1년에 한 번 칼을 바꾸는 것은 살코기를 주로 다루었기 때문이고, 평범한 조리사가 다달이 칼을 바꾸는 것은 무리하게 써서 칼날이 뼈에 부딪혀 무뎌진 탓입니다. 지금 제 손에 들린 칼은 19년 동안 수천 마리의 소를 다루는 데 쓰였으나 칼날은 방금 숫돌에 간 듯합니다."

《장자莊子》의 〈양생주養生主〉편에 나오는 이야기다. 포정은 19년 동안 한 우물을 판 끝에 그 분야의 달인이 되었다. 그의 경지는 참으로 놀랍다. 실제로 우리 주변에서 이와 같이 평생 한 우물만 판 사람들이 신기에 가까운 실력을 발휘하는 경우를 종종 볼 수 있다. 그들은 남들이 좋다는 것을 무조건 따르거나 이것저것 기웃거리지 않고 오로지 자신이 생각한 한 가지 일에만 매진했다. 바로 이런 사람들이 이 시대가 요구하는 스페셜리스트이며, 자신이 일하고 있는 분야에서 스페셜리스트가 되어야만 평생 직장이 아닌 평생 직업을 가질 수 있다.

우리 시대의 대표적인 스페셜리스트로 가장 먼저 손꼽을 수 있는 사람은 빌 게이츠다. 그는 열세 살 때부터 컴퓨터 프로그래밍에 뛰어난 재능을 발휘해 컴퓨터 프로그램 개발에 자신이 가진 모든 역량을 쏟았다. 결국 그는 윈도우즈를 개발해 전 세계 컴퓨터 소프트웨어 시장을 석권할 수 있었다. 그는 "다양한 관심 분야 가운데 정말로 하고 싶은 것을 선택했다"고 말한다. 세계적인 투자가 워렌 버핏 또한 주식투자라는 한 우물만 파서 성공한 사람이다. 그 역시 "좋아하는 일을 택하라. 그러면 성공은 자연히 따라온다"고 말하고 있다.

이 두 사람의 공통점은 바로 연봉이 높은 직장이 아니라 자신이 가장 좋아하는 일을 선택했다는 것이다. 미국의 스롤리 블로토닉 연구소에서 직업 선택에 대해 조사한 자료에서도 같은 결과를 확인할 수 있다. 1,500여 명을 대상으로 한 이 조사에서는 83%가 유행에 우선순위를 두고 직업을 선택했고, 나머지 17%는 자신이 좋아하는 것을 직업으로 선택했다. 훗날 이 사람들 중 101명이 억만장자가 되었는데 이들은 모두 자신이 좋아하는 일을 선택한 17%에 속해 있었다.

글로벌 시각을 갖춘 T자형 인재

빌 게이츠나 워렌 버핏이 한 분야밖에 모르는 외골수였을까? 절대 그렇지 않다. 이 두 사람은 자신의 전문 분야를 중심으로 폭넓은 독서를 통해 다양한 지식을 섭렵했고, 주위 사람들과도 원활하게 커뮤니케이션했다. 이들은 '한 가지 기술에 특출한 능력(세로)과 통상 업무를 수행하는 능력(가로)'을 두루 겸비한 'T자형 인재'라 할 수 있다.

기업에서 찾는 스페셜리스트가 바로 T자형 인재다. 대다수 직장인들은 사회적으로 평판이 좋고 높은 보수를 주는 직장에서 통상적인 업무를 수행하는 것을 선호한다. 하지만 이런 식으로는 사회적으로 큰 성공을 거둘 수 없다. 남다른 자기만의 전문성을 갖추는 것과 더불어 통상적인 업무를 잘 수행해야 특별한 성과를 거둘 수 있다. 이런 사람들에게 직장은 큰 의미가 없다. 자신이 갖춘 실력은 어느 곳에서든 쓸 수 있기 때문이다. 혹자는 실업률이 심각한 요즘 상황에서 당장 생계를 이어갈 직장을 구하기도 어려운데 전문 분야의 실력을 쌓는 건 배부른 소리 아니냐고 반문할지 모르겠다. 하지만 이는 잘 모르고 하는 소리다. 지금은 글로벌 시대다. 이 문제는 한국이라는 우물에서 벗어나 세계적인 시야로 바라보며 접근할 필요가 있다.

자신의 분야에서 최고가 되어 평생 직업을 찾으면 국내는 물론 전 세계가 자신이 일할 무대가 된다. 중동 지역과 비즈니스를 많이 하다 보니 특히 UAE를 자주 방문하게 되었는데, 그곳에서 일하는 사람들은 놀랍게도 해외에서 온 인력이 70%를 차지하고 있었다. 미국, EU, 인도, 방글라데시 등에서 직장을 찾아온 해외 인력들은 사기업에서부터 공공기관에 이르기까지 없는 곳이 없었다. 그런데 이상하게 우리나라 사람은 찾아보기 힘들었다. 현재 우리나라는 청년실업 문제로 골머리를 앓고 있는데도 말이다. 원인이 무엇일까? 여러 가지 원인이 있겠지만 가장 먼저 우리 스스로가 세계 어느 곳에서나 통할 수 있는 실력을 갖추고 있는지 자문해야 한다. 의사소통에 문제가 없도록 어학 실력을 갖추어야 함은 물론이고 나이와 직위에 관계없이 복잡한 보고서도 자유자재로 만들 수 있는 업무 능력을 갖추어야 중동에서 일할 수 있기 때문이다.

차별화된 역량을 가진 특급 인재가 되라

이제는 팔방미인형 인재가 아니라 한 우물만 파는 '스페셜리스트'

를 요구하는 시대다. 수십 년의 경험에서 볼 때도 어느 한 분야에서 탁월한 재능을 가진 스페셜리스트가 중요하다고 생각한다. 2009년 말 UAE 원전 수주의 쾌거를 이루어낸 것도 워룸에 모인 여러 기업의 스페셜리트 80명이었다. 나 역시 스페셜리스트가 되기 위해 노력하고 있다. CEO가 모든 방면에 스페셜리스트가 되기는 어렵다. 하지만 '혁신'에 있어서만큼은 스페셜리스트가 되어야 한다.

모 교수님에게 들은 이야기다. 학교 수업 시간에 선생님이 보통의 반대말이 무엇이냐고 물었더니, 중국집 아들은 '곱배기'라고 대답했고 곰탕집 아들은 '특'이라고 했다는 얘기였다. 이 우스갯소리에서도 우리는 교훈을 얻을 수 있다. 중국집 '곱배기'는 단순히 면의 양을 두 배로 한 것이지만, 곰탕집에서 파는 '특' 곰탕은 고기를 많이 넣어 보통과는 차별화된 맛을 낸다. 이처럼 양으로 2배가 될 것이 아니라 질적으로 2배 성장한 능력을 발휘해야 스페셜리스트가 될 수 있다. 회사에 수천 명, 수만 명의 직원이 있는 건 아무런 의미가 없다. 기업에는 스페셜리스트가 얼마나 많이 있는지가 중요하다.

스페셜리스트가 많은 회사가 곧 '위대한 기업'이다. 외부 특강이나 강연을 나가면 "사장님이 생각하시는 위대한 기업이란 어떤 회사를 말합니까?"라고 자주 질문을 하는데 나는 이렇게 간단히 답변한다. "구성원이 그 회사를 나갔을 때 다른 회사에서 그 사람을 적극적으로 모셔가려고 하는 '특급 인재'들을 많이 가진 회사가 바로 위대한 기업입니다."

평생 고용 시대가 마감되면서 '정년은 58세까지'라는 공식은 이제 더 이상 의미가 없어졌다. 한 직장에서 정년을 마친다 해도 퇴직 후 10년, 길게는 20년 이상 충분히 일할 수 있는 고령화 사회다. 정보화 시대가 진전되면서 누구나 검색할 수 있는 만물상적 지식보다는 차별화된 전문 지식과 역량을 갖춰야 생존하는 시대가 도래했다. 현대사회의 비즈니스맨이 제너럴리스트Generalist가 아닌 스페셜리스트가 되어야 하는 이유다.

그러나 오해는 없기 바란다. 평생 직업을 만들라는 말이 현재의 직장에서 한눈을 팔면서 자신의 역량만 키우라는 의미는 절대 아니다. 회사에서 필요로 하는 역량을 극대화하는 과정에서 얻은 성공 체험을 통해 자신의 몸값을 올려야 하며, 이것이 바로 진정한 프로 비즈니스맨의 자세다.

여우와 고슴도치가 있다. 여우는 영리하고 몸이 잽싸지만 고슴도치는 아둔하고 몸이 느리다. 여우는 관심사가 많아 이것저것 닥치는 대로 섭렵한다. 이에 반해 고슴도치는 오로지 한 가지 관심사에만 집중한다. 이 둘 중에 누가 더 경쟁력이 있을까? 동물이니까 싸움을 붙이면 쉽게 알 수 있다. 여우와 고슴도치가 싸우면 결국 고슴도치가 이긴다.

04

좋아하는 일에 미쳐라

일일부작 일일불식 —日不作 —日不食

백장 스님은 매일 대중들보다 앞장서서 일을 했다. 이러한 스님의 모습을 보고 제자가 차마 견딜 수가 없어 스님의 농기구를 감추고 쉬기를 간청했다. 그러자 백장 스님이 말했다.

"내가 아무런 덕이 없는데 어찌 남들만 수고스럽게 하겠는가?"

스님이 두루 도구를 찾아보았지만 찾지 못하자 그날 식사를 하지 않았다. 이런 까닭으로 "하루 일하지 않으면—日不作, 하루 먹지 않는다—日不食"라는 말이 천하에 전해지게 되었다.

불교 경전에 나오는 이야기다. 백장 스님은 당시 나이가 90세인데도 불구하고 직접 채마밭을 일구어 먹을거리를 장만했다고 한다. 이처럼 사람은 기본적으로 일을 해야 먹을 자격이 있다고 생각한다. 지위 고하를 막론하고 무슨 일을 하든 상관없이 말이다.

그런데 우리의 현실은 이와 다른 것 같다. 직원들은 어렵고 힘든 일은 서로 눈치 보면서 피하려 하고, 간부들은 결재가 자기 일의 전부인 양 생각하는 조직이 간혹 있다. 이렇게 하면서도 비즈니스 세계에서 1등을 할 수 있다고 생각한다면 큰 오산이다. 비즈니스의 세계에서 최고가 되기 위해서는 '일일부작 일일불식一日不作 一日不食'하려는 자세를 가져야 한다. 만약 당일 해야 할 일을 하지 못했거나, 부득이한 사정으로 일을 하지 못했을 때는 당연히 밥을 먹지 않는다는 각오로 임해야 한다. 그리고 일단 일을 시작했으면 밥 먹는 것도 잊을 정도로 완전히 몰입해 일해야 한다.

일에 몰입해야 행복하다

일본이 패전 후의 잿더미에서 오늘날의 경제 대국으로 일어설 수 있었던 비결도 일을 대하는 성실한 태도 덕분이다. 세계적인 기업 혼다의 창업자 혼다 소이치로本田宗一郎와 마쓰시타의 창업자 마쓰시타 고노스케松下幸之助가 바로 일에 관한 한 둘째가라면 서러울 정도의 대가들이다.

혼다는 하마마츠에서 자동차 수리공으로 성공했지만 22세에 독립해서 새롭게 엔진과 피스톤링 연구에 매달렸다. 그는 경영자이기 전에 기술자로서 직접 기술 개발에 뛰어들었다. 그가 피스톤링을 개발할 때 그는 매일 새벽 2~3시까지 일에 몰두했다. 일하다 지칠 때마다 돗자리 위에 그대로 쓰러져 새우잠을 잘 정도였다. 일에 대한 집념을 보인 끝에 그는 마침내 피스톤링 개발에 성공했다. 혼다 소이치로는 자서전 《좋아하는 일에 미쳐라》에서 "'좋아하는 사람을 따라가면 천 리도 지척이다'라는 속담이 있다. 시간을 초월해서 자신이 좋아하는 일에 몰두한다면 그보다 즐거운 인생은 없지 않을까?"라고 말하기도 했다.

마쓰시타 고노스케도 마찬가지였다. 그도 "자주 '침식을 잊고 몰두한다'고 합니다만, 전 자전거용 램프를 만들 때 정말로 그런 상태였던 것 같습니다. 그러나 그때 조금도 괴롭거나 고통스럽지 않았습니다"라고 말한 적이 있다.

정말로 큰 뜻을 품고 자신의 일을 하는 사람은 이 두 사람처럼 먹는 것도 자는 것도 잊을 정도가 되어야 한다. 적당한 노력을 했을 때는 적당한 성과가 나올 뿐이다. 지금 자신에게 주어진 일을 하는 이 순간이 세상에서 가장 행복한 순간이 되어야 한다. 일과 하나가 되어 그 외의 모든 것을 잊어버리는 상태가 되어야 한다. 그만큼 일에 대한 열정과 집념을 가질 때 놀라운 성과를 이룰 수 있다.

기분 좋은 피로를 느껴라

나 역시 젊은 시절 냉장고 기반 기술을 개발할 때 완전히 일에 몰입했었다. 당시 국내 기업의 냉장고 기술이 굉장히 취약해서 외국에서 주요 부품을 수입해 쓰는 실정이었다. 이런 상황에서 나는 일본에서 신기술을 도입하여 우리 제품에 적용하는 과제를 맡았다. 반드시 성공시켜야 한다는 의무감에 설 연휴에도 고향에 가지 않고 냉장고 설비 위에서 밤을 지새우며 일했다. 냉장고 설비 부품을 분해하고 조립하는 일을 수없이 반복했다. 이런 노력 끝에 우레탄 발포 최신 설비를 한국형으로 개발하는 데 성공했다. 이후로도 일에 완전히 심취해 침식을 거르는 날이 이루 헤아릴 수 없을 정도로 많았다. 그래서 나는 항상 잠자리에 들면 곧바로 곯아떨어졌다.

나는 저녁에 잠이 오지 않는다는 말이 이상하다고 생각한다. 낮에 열심히 일을 했으면 당연히 저녁에 잠이 오기 때문이다. 저녁에 잠이 오지 않는다는 건 낮에 일을 열심히 하지 않았다는 말밖에 안 된다. 《아침형 인간》이라는 책을 보면 '기분 좋은 피로감'이라는 말이 나온다. 열심히 일하거나 운동을 했을 때 느껴지는 나른함, 쾌감 같은 것을 이르는 말이다. 이처럼 열심히 일하면 기분 좋은 피로가 생기고 그에 따라 잠이 잘 오는 것이다.

LG전자 시절 신제품을 출시한 후 몇몇 대리점을 방문했을 때 이런 일이 있었다. 당시 매장 판촉사원에게는 기본급 이외에 판매 대수에 따른 성과급을 지급하고 있었다. 매장 판촉사원들은 한 달 평균 10대를 팔았는데, 유독 한 사원만 30여 대의 제품을 팔았다. 그의 성과가 놀라워서 그와 함께 식사를 하면서 면담 자리를 마련했다. 거기서 들은 그 사원의 세일즈 비결은 다음과 같았다. 매장 판촉사원은 일반적으로 손님이 들어오면 외모를 보고 판단해 그에 맞는 가격대의 제품을 권유하는 것이 보통이다. 제품 판매가 자신의 보수와 직결되기 때문에 "어떤 제품을 찾으십니까?" "생각하신 제품이 있습니까?" "이런 제품은 어떻습니까?"라는 말을 건네며 바로 구입을 권유하는 것이다. 하지만 고객은 값싼 제품만 권하면 자신을 무시하는 것 같아 제품을 아예 사지 않고 돌아서는 경우가 많다고 했다. 그런데 그 판촉사원은 손님이 매장 안에 들어오면 반갑게 인사하고 처음에는 가만히 내버려둔 채 손님이 관심 있는 제품이 무엇인지 살피는 것을 지켜본다고 했다. 그러다 보면 그 손님이 관심 있는 제품들 가운데 특정 제품만 유심히 보는 순간이 있는데, 그때 다가가서 "손님 그 제품 좋습니다" 하면서 그 제품의 장점을 설명하면 대부분 판매에 성공을 하더라는 얘기였다. 하지만 아무리 수완이 좋더라도 자기가 꼭 팔아야 될 사람한테 못 파는 날은 점심을 거르고 왜 못 팔았는지 깊이 반성을 했다고 말했다. "손님이 없는 날은 점심을 거르더라도 목표량을 채웁니다"라고 하는 말을 듣고 '아! 이런 사람이 우리 조직원이 배워야 할 진정한 프로구나' 하는 생각이 들었다. 그 뒤에 이 사원을 강사로 모셔 많은 직원들에게 경험을 전파해주었다.

회사에 출근한 뒤에는 언제 퇴근 시간이 됐는지 모를 정도로 일해야 한다. 퇴근 전 자기 자리를 정리하고 집으로 나설 때 발걸음이 가볍고, 집에 돌아와 씻고 저녁을 먹을 때도 가족 앞에 떳떳할 정도로 일해야 한다. 그러면 잠이 잘 온다. 반대로 상사 눈치 보고, 시계만 쳐다보다가 퇴근을 하면 발걸음이 가벼울 리 없다. 자신의 존재 가치도 낮아진다. 가족 앞에 떳떳하지도 않고, 잠도 제대로 오지 않는다. 자기 분야에서 최고로 인정받고자 하는 사람은 일하느라 끼니를 거른 적이 있는지 자신에게 끊임없이 물어봐야 한다.

05

책을 손에서 놓지 마라

독서 습관으로 역량을 키워라

특강을 가면 나는 보통 2~3시간 동안 쉬지 않고 이야기한다. 강의를 마치고 나면 직원들로부터 "사장님은 어떤 책을 통해 지식을 얻으십니까?"라는 질문을 많이 받는다. 내 지식의 원천은 무엇보다 40여 년간 현장에서 일하면서 쌓은 노하우다. 독서는 식견을 넓히고 부족한 부분을 보충하는 데 도움이 되지만 근본적인 지식은 현장에서 얻어야 한다는 게 나의 지론이다. 그렇지만 독서는 중요하다. 자신이 일을 하면서 막히는 것이 있을 때 관련된 책을 찾아서 참고하는 일은 굉장히 효과적이다. 책을 읽다 필요한 부분을 발견하면 이를 실제 업무에 활용하는 일도 중요하다. 비즈니스맨이라면 신문을 읽을 때도 가십이나 연예 기사보다는 자신의 일과 관련된 기사를 찾아 봐야 한다.

관련 업계의 트렌드에 뒤처지지 않기 위한 정보 습득의 수단으로 신문만큼 좋은 것은 없다. 자신의 업무에 필요한 내용을 꾸준히 스크랩해두면 역량을 넓히는 데에도 큰 도움이 될 것이다.

분초를 다투는 비즈니스 세계에서 경영자가 독서를 할 정도로 여유가 있는지 궁금해할 분들이 있을 듯하다. 독서는 별도의 시간을 확보해서 편안한 마음으로 하는 것으로 생각하는데 그것은 오해다. 독서는 절실한 욕구가 있다면 언제 어디서든지 할 수 있다.

"내 사전에 불가능은 없다"는 말로 유명한 나폴레옹은 수없이 많은 전쟁을 치르느라 항상 포탄이 쏟아지는 전쟁터에 있었다. 하지만 이런 최악의 상황도 그가 어릴 때부터 즐기던 독서를 방해하지는 못했다. 그는 마차에 잔뜩 책을 싣고 다니면서 전술서는 물론 역사, 지리, 법률, 수학, 문학 등 다방면의 독서를 했다. 이러한 독서 편력이 그가 유럽을 제패하는 데 정신적 밑거름이 되었다는 것은 당연한 사실이다.

나는 현장 경영을 중시하기 때문에 가만히 사무실에 앉아 있는 시간이 적다. 일주일이 멀다 하고 국내외 출장을 가기 일쑤다. 그래서 다른 CEO들처럼 최고경영자 과정을 이수할 시간도 없었다. 그런데도 항상 손에서 책을 놓지 않았다. 틈나는 대로 많은 책을 읽었다. 독서는 등산과 함께 내가 좋아하는 취미다. 등산은 따로 시간을 내서 하지만 독서는 토막 시간만 생기면 한다. 독서는 1년 내내 나와 함께한다고 봐도 무방하다. 경영서부터 시작해 인문서, 소설에 이르기까지 가리지 않고 읽는다.

위인들의 독서 습관

《제3의 물결》,《권력이동》,《부의 미래》등의 저작으로 유명한 미래학자 앨빈 토플러Alvin Toffler는 자신을 '독서기계'라고 부를 정도로 왕성한 독서 편력으로 유명하다. 그는 미래의 부를 창출할 3가지 요소로 시간과 공간, 그리고 지식을 들고 있다. 세계가 더 빠르고 더 넓어지는 것과 함께 지식의 양이 늘어간다고 주장한다. 이 가운데 지식은 '미래 경제의 석유'라고 할 정도로 매우 중요한 요소라고 본다. 실제로 한 해 생산되는 지식의 양을 보면 미국 의회도서관 100만 개가 소장한 책의 양에 맞먹는다는 것이다. 그는 또한 엄청나게 쏟아지는 지식 가운데 필요 없는 지식을 잘 걸러내고 올바른 지식을 습득하라고 하면서 항상 새로운 지식을 습득하기 위해 노력해야 한다고 강조한다.

세계 최고 부자 1~2위를 다투는 가치투자가 워렌 버핏에게 꼬리표처럼 따라다니는 것 역시 독서다. 어릴 때부터 주식에 관심이 많았던 그는 열여섯 살 때 이미 주식은 물론 관련 경제 서적을 독파한 것으로 알려졌다. 그의 독서 편력은 버크셔 해서웨이를 이끌고 있는 지금도 이어지고 있다. 그는 "나는 아침에 일어나 사무실에 나가면 자리에 앉아 읽기 시작한다. 읽은 다음에는 여덟 시간 통화하고, 읽을거리를 가지고 집으로 돌아와 저녁에 다시 또 읽는다"라고 말할 정도로 독서를 생활화하고 있다. 이와 같이 1년 내내 주식, 경제 및 투자 자료 등을 독서하는 그는 보통 사람 평균보다 5배 이상 읽는다고 알려져 있다. 그가 주식투자가로 성공한 이유도 결코 그런 독서 습관과 무관하지 않을 것이다.

독서 경험을 현장에서 활용하라

독서의 중요성은 아무리 얘기해도 지나치지 않다. 나의 경우 독서에서 얻은 바를 실제 경영 현장에서 실천하여 큰 성과를 낸 일이 적지 않다. 대표적인 경우가 LG전자 CEO 시절 새로운 사업을 모색하던 중에 《블루오션 전략》을 읽었을 때다. '블루오션'은 유혈 경쟁을 벌이는 기존 레드오션의 반대 개념으로 전혀 경쟁이 필요 없는 시장을 말한다. 이 책의 저자인 김위찬 교수는 책 도입부에서 캐나다의 문화산업 수출업체 '태양의 서커스단 Cirque du Soleil'의 예를 소개하고 있다. 이 업체는 전통 서커스 회사였는데 기존 서커스 경쟁업체와 경쟁을 그만두고 대신 고객의 기호에 맞춰 동물 서커스를 없애고 연극과 음악 분야를 새로 도입했다. 이렇게 서커스의 장점과 연극, 음악의 장점을 결합하여 주 고객층을 어린이에서 어른으로 바꾸었다. 그 결과 사양 산업이던 서커스 산업을 대성공으로 이끌 수 있었다.

이런 내용을 담고 있는 책을 다 읽은 순간 나는 해답을 얻은 듯했다. 블루오션 전략에 따라 휴대폰 사업에 총력을 기한다면 세계적인 성공을 거둘 수 있다는 자신감이 들었던 것이다. 휴대폰 전략사업에 대한 만반의 준비를 하면서 김위찬 교수를 초청해 특강을 듣기도 했다.

추천하고 싶은 5권의 책

독서를 경영에 접목하는 '독서 경영'을 통해 나는 많은 것을 얻을 수 있었다. 이 같은 이유에서 나는 틈만 나면 직원들에게 독서를 강조한다. 홈페이지의 'CEO 책꽂이' 코너를 통해 다양한 양서를 적극 추천하며 일독을 권하기도 했다. 실제로 많은 직원들이 이에 동참하여 새로운 활력을 얻는 것을 현장 미팅에서 발견할 수 있었다. 그동안 내가 읽었던 책 가운데 5권을 여기에 소개한다. 혁신을 꿈꾸는 직원이라면 반드시 일독을 권한다.

《좋은 기업을 넘어 위대한 기업으로》

LG전자 CEO 시절 '글로벌 톱3'를 회사의 비전으로 표방했고 그것을 현실로 만들어나갔다. 한전에 와서도 마찬가지다. '글로벌 톱5 에너지 & 엔지니어링 컴퍼니'를 비전으로 삼고 구성원들과 이를 공유하고 일체화하기 위해 혼신의 노력을 다하고 있다. 괜찮은 회사 정도로는 부족하다. 위대한 기업이 되어야 한다. 그렇다면 위대한 기업의 조건은 무엇인가? 이 책은 그 대답을 내놓기 위해 방대한 데이터를 바탕으로 실증적인 연구를 하고 그것을 일반화하는 데 성공했다. 위대한 기업들은 도전과 혁신의 문화를 가지고 있었고 권위주의에서 벗어났다. 그리고 그것을 인사나 회계 등의 실무 분야에 적용하고 있다.

《아침형 인간》

성실하고 도덕적이며 책임감이 강한 '올바른 인재'야말로 핵심 인재라고 믿는다. 생활 습관 면에서 올바른 인재의 모습을 압축적으로 표현한 말이 '아침형 인간'일 것이다. 일찍 일어나기 힘들다는 것은 밤의 유혹에 굴복한 사람들의 변명이 아닐까? 내 경험으로 보아도 마찬가지다. 경영자로서 바쁘고 힘든 일상 가운데서도 기상 시간은 아침 5시로 일정하게 유지하고 있다. 잡다한 유혹에 휘둘리지 않고 일에 몰입하여 열심히 일하면 기분 좋은 피로를 느끼게 되고 숙면을 취하며, 아침 일찍 일어나 상쾌한 하루를 시작할 수 있다. 이러한 생활 리듬은 비즈니스맨에게 꼭 필요하다고 생각한다. 비즈니스맨은 'Early Bird(아침에 일찍 일어나 먹이를 찾는 새)'가 되어야 한다.

《블루오션 전략》

LG전자 휴대폰 사업전략을 수립하고 신제품을 개발할 때, 많이 참고한 책이다. 이 책에서는 기업이 한계에 직면한 시장에서 출혈 경쟁을 벌이지 말고, 새로운 시장과 게임의 법칙을 스스로 만들어 새로운 수요 창출과 고수익의 기회를 살리라고 조언하고 있다. 그러려면 시야를 넓히고 발상을 바꾸어 블루오션을 찾아야 한다. 그리고 블루오션 전략을 체계화해야 한다. 먼저 시장의 경계선을 재구축하고, 숫자보다는 큰 그림에 초점을 맞추고, 비고객을 찾아 나서는 과정이 필요하다. 또한 전략 실행에 있어 조직상의 주요 장애를 극복해야 한다. 조직원의 신뢰와 참여 없이는 블루오션 전략을 실행할 수 없다.

《카르마 경영》

저자인 이나모리 가즈오는 일본의 유명 기업 가운데 하나인 교세라의 명예 회장으로 일본에서 가장 존경받는 경영자 중 한 사람이며, 도덕 경영의 원조로 추앙받는 인물이다. 그는 평소 불교에 심취했을 뿐만 아니라 경영에서 물러난 후에도 탁발승의 길에 들어서면서 화제를 모은 바 있다. '業(업)'으로 해석되는 '카르마'는 좋은 마음을 품고 노력하면 좋은 결과가 나타난다는 불교 용어다. 또한 일생을 경영 현장에서 보낸 저자의 경험에서 우러난 경영철학이기도 하다. 생각한 것이 원인이 되며 그 결과가 현실이 되어 나타난다는 '카르마 경영'을 통해 경영뿐만 아니라 인생의 철학으로도 많은 교훈을 얻을 수 있었다.

《깨진 유리창 법칙》

경영자로서 경험을 쌓으며 터득한 진실 중 하나는 사소해 보이는 허점이 치명적인 실패를 불러온다는 것이다. 특히 고객과의 접점에서 비일비재하게 일어나는 작은 실수들을 방치하면 연쇄적인 효과를 일으켜 회사의 존립을 뒤흔들 수도 있다. 그것은 깨진 유리창을 방치해둔 집이 범죄의 온상이 되는 것과 마찬가지다. LG전자 CEO 시절에도, 한전 사장에 부임한 이후에도 우리 회사에 깨진 유리창이 없는지 항상 조심스럽게 살피고 있다. '이 정도야 괜찮겠지' 하는 적당주의와 타협을 타파할 수 있도록 경종을 울리는 책이다.

06

혁신을 주도하는
리더가 되라

임원이 된다는 것

회사를 다니는 샐러리맨들의 꿈은 임원이 되는 것이다. 그들은 이 꿈을 향해 오늘도 지친 몸을 이끌고 회사에서 억척스럽게 일한다. 나 역시 과거에 말단 엔지니어로 공장에서 일하던 시절이 있었다. 당시 나는 한 번도 나에게 주어진 일을 불평하지 않고, 도전적으로 밀고 나갔다. 과감한 도전을 피하지 않고 정면 승부를 걸 때마다 성과 또한 막대했지만 실패도 많았다. 그렇게 하나둘 성과가 축적되고 실력을 입증한 끝에 비로소 CEO의 자리에 오를 수 있었다.

수많은 샐러리맨의 꿈인 임원이 되면 과연 무엇이 달라지는 걸까? 임원이 되고 나면 가장 먼저 신분의 변화가 온다. 파격적인 대우를 해주는 대신 리스크가 많다. 회사에서 나가라고 하면 언제든지 나가야 하는 자리가 임원이다. 편안하게 근무하고 싶으면 임원은 하지 않는 게 낫다.

신입사원이 들어오면 항상 내가 말하는 것이 있다. 남자나 여자가 태어나 사회에 진출해서 30세가 넘으면 결혼을 하는데, 그러면 배우자와 자녀, 그리고 양가 부모와 형제가 생긴다. 배우자와 자녀들에게는 최소한의 존경을 받고 양가 부모 형제에게는 자랑스러운 아들딸이 되어야 한다. 회사에서 임원이 되면 그런 자랑스러운 자리에 가까워진다.

다음으로 역할의 변화가 온다. 경영자라는 호칭이 붙는다. 엄밀히 따지면 임원은 사원이 아니다. 회사의 소유주인 주주에게 위임을 받아 대표이사와 함께 회사를 대표하여 살림을 꾸려가는 자리다. 한마디로 위탁받은 주인이다. 내 연봉은 얼마이고 성과가 더 나면 얼마 더 받을 수 있다는 계약 조건에 의해 일정한 지분을 가지고 회사와 계약을 한 것이다. 임원은 리더로서 의무를 가져야 하기 때문에 사원일 때 생각하는 것과는 달라진다. 임원은 자나 깨나, 퇴근해서도, 해외 출장을 가서도 항상 자기가 하고 있는 일에서 뭔가 더 창조적인 것이 없는지 생각하게 된다.

마지막으로 생활의 변화가 온다. 우선 임원은 부하 직원들에게 모범을 보여야 한다. 하다못해 복장 하나하나에까지 신경을 쓰고 두발 상태, 구두의 손질 상태, 넥타이 매는 것까지 달라진다. 그래서 "우리 상무님은 임원이 되고 나서 많이 달라졌더라" 하는 소리가 나온다. 또한 임원은 자신이 많이 알고 나서 직원들에게 자주 코멘트를 하는 입장에 서게 된다. 이 과정에서 "정말, 그거까지 알고 있네" 하는 소리가 나올 때 임원으로서의 권위가 선다.

또한 임원은 가정을 돌볼 겨를이 없다. 예전에 계열사 신임 임원이 부부 동반으로 참석한 모임에서 사모님들에게 말했다. "사모님들, 죄송하지만 이제 남편은 회사에 바치십시오. 그거 각오 안 하면 임원 자격 없습니다. 지금이라도 억울하다 생각하시면 손만 드십시오. 제가 바로잡아 드리겠습니다." 그랬더니 사모님들이 모두 남편을 바치겠다고 박수를 쳤다.

임원은 최소한 자기 시간의 80~90%는 회사 일에 전념해야 한다. 나는 경영 일선에서 오랫동안 활동하면서 집에서 거의 밥을 먹지 못했다. 그래서 집에서 주는 밥맛을 모른다. 임원은 "좀 있다 은퇴하면 집에서 실컷 먹자" 하는 생각을 가져야 한다.

혁신 임원의 의무

사람들은 임원이 되면 높은 연봉을 받는 것과 더불어 막강한 권력을 행사할 수 있다고 생각한다. 사실 그런 측면이 있는 게 사실이지만 잊지 말아야 할 것이 있다. 임원은 회사에서 차지하는 비중이 크기 때문에 지위에 맞는 의무가 뒤따른다는 점이다. 최소한 3가지 정도의 의무를 지켜야 한다.

첫째, 임원은 비밀 유지의 의무를 지켜야 한다. 임원은 상당히 깊이 있게 회사 업무에 개입함에 따라 회사 기밀을 포함한 많은 정보를 접하게 된다. 기밀을 유지하지 못하면 경쟁에서 밀리게 된다. 비밀 정보가 밖으로 새나가면 기업공개ir 직전에 주식을 판다든가, 친척에게 주식 매수를 권유하는 등의 사회적 파장이 생긴다. 따라서 비밀을 지키는 의무는 너무나 중요하다. 귀가해서 부부 간에도 저녁에 잠 안 온다고 회사 얘기를 자랑 삼아 하면 안 된다. 또한 친구와 술 마시면서 "어느 부서는 말이야, 별것도 아닌데 금년에 얼마 한다더라"는 식으로 이야기해서도 안 된다. 그리고 임원은 자기가 얼마를 받는다고 알려줘도 안 되고 다른 임원이 얼마를 받는지 알려고 해서도 안 된다.

둘째, 임원은 도덕성에 대한 의무를 지켜야 한다. 지금은 안 그렇지만 과거에는 일가친척 중에 임원이 된 사람이 있으면 일자리를 부탁하곤 했다. 이렇게 해서 그 일가친척이 줄줄이 출세를 하는 일도 허다했다. 지금은 달라졌다. 내 경우에는 청탁 전화를 받으면 이렇게 말한다. "내가 청탁을 받지 못하게 감독하는 사람인데 어떻게 부탁을 받느냐? 미안하지만 안 된다."

셋째, 임원은 품위 유지에 대한 의무를 지켜야 한다. 임원이 직원들과 함께 회식을 가게 되면 식당에서는 누가 높은 사람인지 금방 알아본다. 그래서 종업원에게도 한마디 한마디 신경 써서 해야 한다. 임원은 한 회사의 '무빙 브랜드'이다. 임원 한 명 한 명으로부터 한 회사의 가치를 평가받는다.

혁신 임원의 자세

긍정적인 사고로 열심히 일하는 대한민국의 샐러리맨 모두에게 임원의 기회는 열려 있다. 그런데 막상 임원이 되고 나면 명암이 엇갈리는 경우가 종종 발생한다. 어떤 임원은 자신을 빈틈없이 관리해서 리더로 성공하여 사회적으로 인정을 받는다. 이에 반해 어떤 임원은 자기관리에 실패해 리더로서 큰 성과를 내지 못한다. 40여 년 동안의 경영 일선에서 활동해온 경험을 토대로 '임원이 반드시 지켜야 할 자세 5가지'를 소개하겠다.

첫 번째는 건강 관리다. 임원 일을 해보면 업무량이 사원 때보다 2배, 3배 더 많아질 수 있다. 책임이 있는 만큼 머리 쓸 일들이 많다. 건강해야 일할 의욕이 생기는데 그렇지 못하면 잘 안 된다. 과거 창원공장 사업부장을 할 때다. 아침 회의 때만 되면 만날 늦게 오는 과장이 있었다. 어느 날 그를 불러서 물어보니 기력이 없어서 도저히 아침에 못 일어난다는 것이었다. 사정을 확인해보니 지병이 있었다. 그래서 그에게 건강이 회복되면 언제든지 복직을 시켜줄 테니 휴직하라고 했다. 그 뒤로 그는 휴직을 하고 나서 8~9개월 만에 건강한 모습으로 돌아왔다. 살기 위해 회사를 다니는데 왜 자기 건강을 해치면서 일을 해야 하는가? 평소 건강 관리는 스스로 잘 챙겨야 한다. 스트레스를 해소할 수 있는 방법도 스스로 찾아야 한다.

두 번째는 머리 관리다. 임원은 신속하게 결정을 내리지 못하면 머리가 아프게 되고 결재 안건이 계속 쌓이게 된다. 비즈니스의 세계는 점점 빠른 혁신을 요구하고 있다. 따라서 임원은 항상 머리를 비워놓아야 신속한 결정을 할 수 있다.

세 번째는 인맥 관리다. 지금은 비즈니스 네트워크가 중요하다. 즐기며 노는 친구는 중요하지 않다. 따라서 사람을 사귈 때 비즈니스상 꼭 필요한지 따져야 한다. 비즈니스의 세계는 냉혹하다. 사람을 만나면 상대방을 이용하거나 상대방에게 이용당하거나 둘 중 하나일 가능성이 높다. 때문에 더욱 신중을 기해 인맥 관리를 해야 한다.

네 번째는 도전과 모험 정신이다. 임원은 오너 대신에 리스크를 져야 한다. 임원이 리스크는 지지 않고 무사안일하게 업무를 처리하면 회사의 발전이 없다. 대표이사의 입장에서는 리스크를 분산하기 위해 여러 임원을 두고 그에 맞는 일을 추진하는 것이다. 따라서 임원은 스스로 판단해서 리스크를 져야 할 때는 당당히 리스크를 져야 한다.

다섯 번째는 솔선수범이다. 임원은 솔선수범할 때 직원으로부터 존경을 받는다. 자신은 "위에서 찾으면 나 퇴근했다고 하지 마"(흔히 '이순신 퇴근'이라고 한다)라는 식으로 이야기해놓고, 나중에 직원들에게 "몇 시까지 있었나?" 하고 채근하면 안 된다. 배가 풍랑을 만났는데 선장이 갑판 밑에 숨어서 "위에 가서 닻을 내려라"라고 말하는 것은

있을 수 없다. 자신이 직접 온몸으로 풍랑과 부딪치면서 지휘를 해야
한다.

임원은 남들이 하는 전략을 똑같이 따라 해서는 안 된다. 이 경우 잘
하면 비슷하고 잘못하면 뒤처진다. 따라서 임원은 이노베이션 리더가
되어야 한다. 이노베이션 하면 너무 어렵게 여겨지지만 사실 그렇게
볼 이유가 없다. 어느 교수님께 들은 이야기다. "파리가 하루에 10킬로
미터를 날아갈 수 있을까?"라고 물으면 대부분은 "아니오"라고 답변
한다. 하지만 실제로 가능하다. 파리가 말의 꼬리에 붙어 있으면 너끈
히 10킬로미터, 아니 100킬로미터도 갈 수 있다. 이처럼 차별화된 생
각에서 혁신이 나온다. 임원은 회사에 혁신의 바람을 일으키는 변화
의 불씨가 되어야 한다.

PART**4**

W

OR

GREAT O

혁신으로 승리하라

TDR은 문제를 손에 잡히거나 눈에 보이는 수준까지 파헤친 후(´Tear Down´) 근본적인 원인을 분석하고, 새로운 생각과 방법에 따라 다시 구성하여(´Redesign´) 탁월한 성과를 창출하는 혁신 활동을 말한다. 도전적인 목표를 세우고 조직의 핵심 이슈를 선정해 그 과제와 관련된 모든 부서의 핵심 인원으로 팀을 구성한 다음 현업에서 벗어난 독립적인 공간에서 과제 해결에 몰입해야 한다.

K
OMPANY

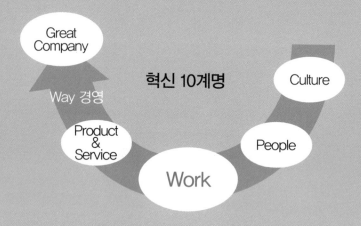

혁신 10계명

직접 체험하고 고민해서 터득하라
현장을 합리화하라
TDR, 찢고 해체하고 다시 디자인하라
혁신의 엔진을 풀가동하라
6시그마, 무결점에 도전하라
위험을 두려워하지 마라

01

직접 체험하고
고민해서 터득하라

맨손으로 냉장고를 만들다

요즘은 내가 사회생활을 시작했던 산업화 초기와 달리 여러 면에서 좋은 환경이 갖추어져 있다. 가령 어떤 제품을 만들려고 하면 그와 관련된 기술적인 노하우가 필수적인데, 요즘은 선배 직원이나 인터넷 등을 통해 쉽게 관련 자료나 기술을 참조할 수 있다. 지금은 이런 것을 당연하게 생각하지만 우리 때는 그렇지 못했다. 산업화 초기라서 축적된 기술이나 노하우도 전무했고, 참고할 자료도 없었다. 상황이 이렇다 보니 맨몸으로 부딪치는 수밖에 없었다.

내가 처음 개발한 제품은 45리터 냉동고였다. 1972년에 냉장고 설계과에 근무하던 시절 최초로 설계한 것이다. '아이스께끼'밖에 없던 시절에 빙그레에서 제대로 된 아이스크림을 처음으로 만들어 시장에 내놓았다. 그런데 아이스크림을 별도로 보관할 저장고가 없었기 때문에 나는 일본 제품을 가져와 참고하면서 직접 냉동고를 만들어야 했다. 선배들에게 전수받은 노하우가 없었기 때문에 직접 제품을 분해하고 조립하면서 기술을 터득했다. 설날에도 집에 못 들어갈 정도로 일했고, 부품이 안 맞아 며칠 동안 철야 작업도 했으며, 냉동 실험장비가 없어 부산 부둣가의 냉동창고로 제품을 싣고 가서 눈치 보며 실험하기도 했다.

이렇게 고생하며 내 손으로 처음 개발한 45리터 냉동고는 마치 자식과도 같았다. 너무나 자랑스러운 나머지 품에 안고 여기저기 자꾸 만져보곤 했다. 지금도 그때를 생각하면 가슴이 벅차다. 개발된 제품에 대한 정부의 형식 승인을 받기 위해 제품을 어깨에 메고 서울행 밤 기차를 타는 등 우여곡절 끝에 국가시험 테스트를 무사히 통과했다.

1972년에 일본으로 기술 연수를 갔을 때는 이런 일이 있었다. 당시에는 냉장고 단열재로 스티로폼이나 유리솜을 사용했는데, 그것을 우레탄폼으로 대체하는 기술을 배우기 위해 일본으로 갔다. 3급 사원인 나와 5급 사원 두 명이 한 달 반 동안 모든 기술을 익히고 돌아와야 했다. 나는 기술 데이터를 달달 외우고, 하나도 빠뜨리지 않기 위해 열심히 현장에서 실습하며 기술을 익혔다. 잠자는 시간을 줄여가며 하루하루를 보내고 있는데 본사에서 연락이 왔다.

"박 대통령이 창원공단에 공장을 지으라는 지시를 내렸소. 냉장고 공장이오. 그러니 공장을 어떻게 설계해야 하는지 레이아웃 자료를 준비해오세요."

기술 연수만 해도 벅찬 상태였는데 그런 지시가 내려오자 눈앞이 캄캄했다.

공장의 레이아웃을 잡는 것은 쉬운 작업이 아니었다. 부품이 어디에서 들어오고, 들어온 부품은 어느 정도 공간을 차지하고, 보관은 어떻게 해야 할지 알아야 했다. 생산라인에 신속하게 자재를 투입해야 하기 때문에 작업 동선을 어떻게 하는 것이 가장 좋을지 검토해야 했고, 제품이 어디로 출고되는 것이 가장 효율적인지 생산라인의 작업 공정과 공장 전체의 도면을 생각하고 준비해야 했다.

나는 이틀간 심각하게 고민했다. 과연 내가 이 일을 잘할 수 있을까? 건축에 대한 노하우가 전혀 없는 내가 할 수 있는 일인가? 고민 끝에 나는 부딪쳐보겠다고 결심했다.

'긍정적으로 생각하자. 나한테 중요한 프로젝트가 떨어졌다는 건 내가 그만큼 인정받았다는 증거다. 나에게 어려운 일이 주어졌다고 포기하면 안 된다. 리더는 믿음이 가고 능력 있는 사람에게 중요한 일을 맡기는 법이다. 절대 신뢰하지 않는 사람에게 중요한 일을 맡길 리 없다.'

지시를 받은 지 3일째 되던 날 줄자, T자, 제도판 등을 사서 공장 설계도면을 그리기 시작했다. 하루에 한두 시간만 자는 강행군이 일주일째 되던 날 코피가 터졌다. 그래도 일주일 더 강행군을 한 끝에 겨우 공장 하나의 레이아웃 자료를 만들 수 있었다. 그때 내가 만든 레이아웃 자료를 토대로 창원공장이 건설되었다.

냉장고 단열을 위해 우레탄 발포 기술을 처음으로 적용하는 과정에서도 맨몸으로 부딪칠 수밖에 없었다. 프리믹스가 문제였다. 일본에서 관련 자료를 가지고 와서 부품을 만들었지만 번번이 실패했다. 더이상 기댈 만한 노하우가 없었다. 얼핏 보면 쉽게 할 수 있을 것 같았지만, 실제 제품을 개발하는 과정에서는 관련 분야의 노하우가 필수적이었다. 할 수 없이 기계를 끼고 밤을 새우며 공부하는 수밖에 없었다. 자신의 노하우를 가르쳐주는 곳은 어디에도 없었다. 명절 밤에도 공장에서 기계를 분해하고, 다시 조립하는 일을 반복했다. 기계와 혼연일체가 되던 어느 날, 순간적으로 번쩍 영감이 스쳤다.

'아, 그래! 액체가 떨어지면서 증발한다면 믹스 안에 파이프로 액체를 집어넣으면 되겠다.'

결국 천신만고 끝에 성공적으로 프리믹스를 완성할 수 있었다. 나는 당시 내가 했던 노력들이 우리나라의 냉장고 제작 기반 기술을 만드는 데 크게 기여했다고 생각한다. 그때는 윗사람이 뭐라고 시키면 "못합니다"라고 하기보다 '꼭 한번 해보자'는 자세로 일했다. 축적된 노하우라고 할 만한 것은 전혀 없었지만 겁 없이 일했고, 겁 없이 도전했다.

1976년이 되자 제2의 고향이라고 할 수 있는 창원에서의 생활이 시작되었다. 대부분의 사원들이 서울 본사에서 일하는 것을 선호할 때 나는 현장에서 맨몸으로 부딪치면서 제품 개발에 심혈을 기울였다. 회사는 나의 이러한 노력을 인정해주었다. 1977년에 기정(과장급), 1981년에는 기감(부장급)이 되었고, 이후 냉장고 사업부 초대 연구소장까지 맡게 되었다. 나는 연구소를 짓는 것부터 석사급 연구원을 모집하는 일까지 맡으며 짧은 기간에 연구소를 본 궤도에 올려놓기 위해 동분서주했다. 연구소의 틀이 마련되자 본격적으로 R&D에 매진했다. 그 결과 냉장고의 품질을 세계적인 수준에 올려놓을 수 있었다.

냉장고 사업이 정상 궤도에 오르게 된 1986년에는 세탁기 사업부장으로 발령받았다. 당시 세탁기 공장은 연간 600억 원의 매출을 올렸지만, 200억 원의 적자를 내고 있었다. 이후 지속적인 R&D와 기술 개발 노력을 통해 2년 만에 흑자 사업소로 탈바꿈하게 되었다. 이런 노력의 결과로 1980년대 말이 되자 세탁기 공장은 회사의 주력 사업부가 되기에 이르렀다.

노하우는 스스로 경험하면서 터득하는 것

돌이켜보면 내가 이렇게 기업인으로서 성장할 수 있었던 것은 선배들의 조언이나, 책에서 배운 노하우 덕분이 아니었다. 그때는 노하우라는 게 전혀 없던 시절이었다. 내게 주어진 일 거의 대부분이 우리나라에서 최초로 맡겨진 일이었다. 따라서 나는 현장에서 맨몸으로 부딪치며 해결할 때까지 밀고 가는 수밖에 없었다. 다른 방법이란 있을 수 없었다.

이렇게 해서 나만의 노하우 론이 만들어졌다. 나는 사원들에게 항상 강조했다.

"노하우는 책을 통해 배우는 게 아니라 자기 스스로 경험하면서 여러 가지를 느끼고 체득하는 것입니다. 기술을 줄줄 서술한다고 노하우가 아니에요. 고생하고 노력하고 고민하는 과정에서 자기 몸에 내재화되는 것이 노하우입니다."

젊을 때 현장에서 부딪치면서 얻은 경험과 지식, 즉 노하우가 있어야만 경영자가 되어서도 중요한 의사결정을 내릴 수 있다. 나는 회사를 경영하면서 의사결정을 할 때 즉석에서 결정을 내리는 것을 원칙으로 삼고 있다. 급변하는 비즈니스 환경에서 경영자가 결정을 미루는 것은 경쟁에서 뒤처지는 것을 의미한다. 돌이켜보면 그렇게 내린 결정은 잘못된 경우보다는 잘된 경우가 훨씬 많았다. 이것은 현장에서 수십 년간 쌓은 '노하우'가 있었기 때문에 가능했다고 생각한다. 이렇게 빠른 의사결정을 내리기 위해서는 평소에 해당 업무에 대한 고민이 많아야 함은 물론이다.

한 번 더 고민하면 답이 나온다

그런 점에서 혁신을 추구하는 사람은 고민을 많이 해야 한다. 그러다 보면 자면서도 머릿속으로 계속 생각하기 때문에 꿈속에서 해답이 나오거나 아침에 불현듯 떠오르는 경우가 있다. 땅에 떨어지는 사과가 만유인력의 법칙을 발견한 뉴턴의 눈에만 보였을까? 그렇지 않다. 지구상의 모든 사람들이 사과가 땅에 떨어지는 모습을 눈으로 보았다. 하지만 유독 그가 그 모습을 보고 만유인력의 법칙을 발견할 수 있었던 것은 세상을 지배하는 물리학의 법칙을 발견하려는 생각에 몰입했기 때문이다. 자고 있을 때도 깨어 있을 때도, 식사할 때도 걷고 있을 때도, 남과 대화를 할 때도 항상 그의 머릿속에는 그에 관한 고민으로 가득 차 있었기에 그에게 행운의 사과가 떨어졌던 것이다.

마쓰시타 사의 창업주인 마쓰시타 고노스케도 마찬가지다. 그가 쌍 소켓을 발명한 것도 끊임없는 고민의 결과였다. 그는 회사가 경영난 을 겪자 이 상황을 타개할 신제품을 개발하기 위해 하루 종일 고민하 면서 귀가하고 있었다. 그때 두 여인이 하나의 소켓을 두고 서로 "다 리미를 먼저 쓰겠다" "헤어드라이어를 먼저 쓰겠다"며 승강이를 벌 이는 모습을 보았다. 그 순간 그의 머릿속에 그와 같은 다툼을 해결할 수 있는 아이디어가 떠올랐다. 그것이 바로 쌍소켓이었다. 그는 "창 의는 몰두할 때 나온다"고 말한다.

고민이 없는 사람은 거지만도 못하다. 실제로 거지도 한 가지 고민 은 가지고 있다. '자고 일어나면 어디서 밥을 얻어먹을까?', '밥을 먹 고 나면 오늘 밤은 어디서 잘까?' 하며 고민한다. 그런데 멀쩡한 사람 이 고민이 없다면 거지보다 못한 것이다. 아무리 좋은 노하우를 가지 고 있더라도 스스로 고민하는 자세가 필요하다. 기존의 노하우에 안 주하면 혁신적인 사고를 할 수 없기 때문이다.

생각해보라. 세계 최초로 에베레스트 정상에 오른 산악인에게 정상 정복의 노하우가 있었겠는가? 다만 그는 직접 정상을 향해 걸어가면 서 고생하고, 끊임없이 긴장하고 고민하는 과정에서 정상 정복의 노 하우를 체득한 것이다. 이노베이터의 목표는 세계 최고봉이라는 것을 우리 모두 잊지 말아야 할 것이다.

02

현장을
합리화하라

지속적인 교육으로 DNA를 바꾸다

현재 LG전자 창원공장은 최고의 품질, 최고의 생산성을 자랑하는 공장으로, 세계 어디에 내놓아도 손색이 없는 최고의 글로벌 스탠더드 사업장이다. '도요타 생산방식'으로 잘 알려진 도요타의 회장이 창원공장을 방문해 도요타를 능가하는 수준이라고 이야기했고, 6시그마를 도입할 때 벤치마킹 대상이었던 GE 관계자도 생산현장을 보고는 "어떻게 이렇게 짧은 시간에 6시그마가 현장 깊숙이 접목될 수 있었느냐?"며 거꾸로 벤치마킹하겠다고 했을 정도다.

하지만 1989년 노사분규 직후 공장의 모습은 지금과는 너무나 달랐다. 극심한 분규로 매출과 이익이 줄어든 것은 물론이고, 기업 경영에서 가장 중요한 노사 간의 상호 신뢰감마저 잃어버린 상황이었다. 모든 것이 헝클어져서 어디서부터 손을 대야 할지 엄두를 내지 못했다. LG전자 백색가전 사업의 미래는 암담하게만 느껴졌다. 이때 다시 신발 끈을 맨다는 각오로 가장 먼저 시작한 일이 전 직원을 대상으로 한 교육이었다. 모든 일에서 가장 중요한 것이 당사자들의 의식이다. 예를 들어 학생에게 아무리 좋은 공부 환경과 좋은 교재를 줘도 당사자 스스로 열심히 하겠다는 동기부여가 없다면 아무런 소용이 없다. 이와 마찬가지로 창원공장에서 우선적으로 필요한 것은 관리자와 현장직원 간의 소통과, 이를 바탕으로 한 현장직원의 의식 수준 향상이었다.

　일회성 교육에 그치지 않고 매년 지속적으로 진행하면서 전 직원의 DNA를 바꾸고자 했다. 1차 단계는 우리 스스로를 돌아보는 것이었다. 이를 위해 맨 처음 실시한 교육이 '한마음 전진대회'(1989년)였다. 이것은 서로 허심탄회하게 이야기하는 자리를 마련해 자기 입장만 내세우다 막힌 언로를 트고 진실한 의사소통으로 신뢰의 장을 구축하기 위한 것이었다. 이후 '자기 성장 과정'(1990년)을 마련해 자기 이해와 수용을 통해 스스로의 가치관을 정립하는 교육을 진행했다. '참만남 캠프'(1991년)는 인간적인 대화를 통해 팀워크를 향상시키고 신뢰를 회복하는 내용이었다. 이런 과정을 거치며 직장이 얼마나 소중한 것인지, 직장에서 무엇을 해야 하는지 스스로 느끼게끔 했다. 이후 '품질혁신 2000과정'(1992년), '테크노피아의 세계로'(1993년), 'Mind Setting 과정'(1994년), 'Leapfrog 과정'(1995년), '3BY3 과정'(1996년), '친절 아카데미 과정'(1997년), 'Champion 정신 과정'(1998년), '새천년 품격 여행'(1999년) 등 매년 새로운 교육을 진행했다.

제1 혁신운동의 시작

그동안 진행된 사원교육을 바탕으로 현장을 합리화하기 위한 '제1 혁신운동'을 펼치기 시작했다. 1990년대 초, 창원공장의 수준은 지금 시점에서 돌이켜보면 매우 열악했다. 공장을 신축해서 설비를 놓을 때 높은 사람이나 외부 인사가 방문하면 그럴듯하게 보이도록 지저분한 자재나 간이설비 등은 칸막이를 쳐서 숨겨둘 정도였다. 또한 천장에 컨베이어 라인을 설치해 공중에서 생산라인으로 자재 공급이 되고 있었다. 직원들은 컨베이어 길이가 긴 것을 자랑으로 여겼다. 한마디로 실속은 없으면서 규모가 큰 것을 내세웠고, 보여주는 것만 중요하게 생각했다. 그러니 품질이나 생산성은 어떠했겠는가? 컨베이어가 길다는 것은 그만큼 제품을 만드는 공정 수가 많다는 것이다. 공정 수가 많아지면 그 과정에서 불량이 더 많이 생기고, 그 결과 생산성은 떨어질 수밖에 없었다. 하루에 자재 품절 및 불량으로 무작업률이 20~30%나 되었고, 또 생산 완료한 제품이 완성품 검사에서 불합격 판정을 받아 재작업을 하는 비율도 20% 정도 되던 시절이었다.

나는 이런 악순환의 고리를 끊기 위해 현장 합리화를 강력하게 추진했다. 현장 합리화의 주된 내용은 품질 개선과 생산성 향상이었다. 품질을 개선하기 위해 마쓰시타에서 '100PPM 운동'을 도입하여 강력하게 실천했다. 흔히 '100PPM 운동'을 100만 개 중에서 100개의 불량만 허용하자는 구호쯤으로 생각하는데 이것은 큰 잘못이다. 단순히 숫자가 중요한 것이 아니다. 거기에는 '6-TOOL'이라는 구체화된 활동 지침이 있다. 그냥 말로만 "잘해라"라고 독려하는 것은 전혀 도움이 되지 않는다. 세부적인 절차와 지시가 있어야 한다. '6-TOOL'의 내용을 간략히 살펴보면 다음과 같다.

첫 번째는 OS&D Over Shortage & Defect 관리다. 이것은 생산 중에 여러 가지 원인으로 생기는 문제 부품을 모아서 저녁이 되면 관련 협력사를 불러 현장에서 현물을 바로 보여주면서 개선 대책을 수립하는 활동이다. 개선 대책이 완료되어 개선된 부품이 그 다음 날 들어와야 퇴근을 할 수 있었다.

두 번째는 자주 순차 검사이다. 작업자가 작업을 하면서 불량을 내면, 차기 공정의 작업자가 자기 공정의 작업을 하면서 앞 공정 작업의 문제점을 찾는 것이다. 이러한 문제점을 많이 발견한 직원에게는 격려와 포상이 주어졌다. 이 활동이 활성화되면서 작업자의 작업 품질은 급속히 좋아졌다.

세 번째는 '타임 체크Time Check'다. 일일 작업을 하면서 하루에 3번 초물, 중물, 종물 검사를 했다. 시간을 정해놓고 정해진 시간에 검사를 함으로써 일일 작업분 전체가 잘못 만들어지거나 잘못된 부품이 만들어지는 것을 예방하는 활동이었다.

네 번째는 주요 공정 관리다. 작업 공정 중에는 중요한 공정들이 있다. 여기서 잘못되면 안전 문제가 생기거나 제품의 성능이 제대로 발휘되지 않는 경우가 발생한다. 이것은 눈으로도 확인할 수 있게 관리 측면에서 표식을 하여 누구나 알 수 있도록 관리했다.

다섯 번째는 정오 반성회였다. 12시부터 1시까지가 점심시간이었는데, 오후 일과 시작 전 12시 45분에 해당 라인의 전체 작업자가 생산라인 옆에 서서 반장 또는 조장을 중심으로 오전에 생산하면서 생긴 불량 등의 문제점을 이야기하고 반성하는 활동을 했다.

여섯 번째는 'Q(품질)-Audit'였다. 부품 입고에서부터 제품 생산, 완성된 제품까지 정해진 항목에 따라 검사를 해서 문제점을 찾고, 개선하는 활동을 전개했다.

이 외에도 Q-Plus 활동, LG-QA 시스템, 새벽시장, 야시장, 4M(사람, 기계, 자재, 방법) 관리 등의 품질 개선 활동을 강력하게 추진했다. 또한 생산성 측면에서는 도요타를 벤치마킹해 의식 개혁 활동인 5S 활동(정리, 정돈, 청소, 청결, 습관화)을 정착시켜 나갔다. 일반적으로 청소가 안 되고 물건들이 정리·정돈이 안 된 사업장에서 품질이 좋은 제품을 기대하기는 어렵다. 또한 지저분한 상태에서는 불량품이 보이지 않는다. 간단히 설명하자면 지저분한 공중화장실에서는 아무런 양심의 거리낌 없이 휴지를 버리지만, 깨끗한 호텔에서는 누가 보지 않더라도 바닥에 휴지를 버리지 않는 것과 같은 이치다. 이러한 활동과 더불어 공장혁신을 위한 10가지 항목을 선정하여 'FI-10 Factory Innovation 10 활동'을 지속적으로 추진했다.

현장 합리화 활동의 성공 요인

현장 합리화 활동의 결과는 매출의 급상승으로 나타났다. 이 활동은 1997년 IMF 때에도 적자가 나지 않았고 지금까지도 매년 흑자가 나는 사업장이 되는 요인이 되었다. 돌이켜보니 당시 현장 합리화 활동에는 2가지의 중요한 성공 요인이 있었다.

첫째는 '현장 경영'이다. 핵심 간부들은 수시로 현장을 방문하여 문제점을 지적하고 잘된 경우에는 격려하는 활동을 일상화했다. 아침에 출근하면 바로 현장에 내려갔고, 점심시간에 식사하러 가면서도 현장 생산라인을 통해서 이동했다. 또한 중간 중간 불시에 현장을 방문해서 현장이 지저분한지, '6-TOOL' 등의 현장 합리화 활동이 제대로 되고 있는지, 품질·생산성 측면에서 문제점은 없는지 등을 지속적으로 점검했다.

그러면 현장의 계장, 반장들은 게으름을 피울 수 없었다. "아이쿠! 위에서 관심 좀 그만 가져주세요"라고 애교 섞인 푸념도 했다. 하지만 정해진 것을 실질적으로 하지 않고는 견딜 수가 없었다. 처음에는 힘들어했지만 이것이 습관화되면 아무렇지도 않게 된다. 이럴 때 우리의 수준이 한 단계 높아지는 것이다.

두 번째는 앞서 언급한 모든 활동에 대해 경쟁을 하게 한 것이다. 무엇보다 선의의 경쟁이 이루어지도록 평가하고 포상했다. 항목에 따라서 어떤 것은 매주, 어떤 것은 매월 또는 매년 측정했는데, 서로 잘하려는 과정에서 많은 노하우가 생기고, 품질·생산성·안전 등의 측면에서 점점 더 기발한 아이디어가 많이 나왔다.

혁신에는 '모방Benchmarking-추격Catch Up-혁신Innovation-창조Create'의 4단계가 있다. 아무것도 없을 때는 남의 것을 벤치마킹하는 것이 좋은 출발이 된다. '100PPM 활동'은 마쓰시타에서, 5S는 도요타에서 벤치마킹했다. 벤치마킹할 때 중요한 점은 원래의 것을 그대로 갖고 오는 것이 가장 좋다는 것이다. 흔히 타 기업의 혁신 툴tool을 자신에게 맞게 변형

시켜서 갖고 오는 경향이 있는데, 이렇게 하면 본래의 취지에서 벗어나 좋은 성과를 기대하기 어렵다. 그대로 가져오면 모방을 했다는 생각 때문에 부끄럽게 여겨 뭔가 자기가 새롭게 만들었다는 인식을 주기 위해 변형시킨다.

혁신의 기본은 스스로에게 엄격하고 겸손한 것이다. 처음에는 남의 것을 그대로 들여와서 시행해본 후 자신에게 맞지 않는 부분이 있으면 단계적으로 보완·발전시키는 것이 좋다(필요하다면 긍정적인 측면의 쇼도 필요하다). 창원공장은 선진 기업을 벤치마킹한 후 우리의 실정에 맞게 수정해서 발전시켰다. 이렇게 쌓인 노하우를 바탕으로 실질적인 성과가 날 수 있도록 온갖 노력을 함으로써 현장 합리화의 완성도를 높여나갔다.

03

TDR, 찢고 해체하고 다시 디자인하라

3BY3 운동을 시작하다

1989년 극심한 노사분규 이후 현장 합리화 운동을 통해 재기의 의욕을 불태우고 있을 때 또다시 악재가 닥쳐왔다. 창원공장 제2의 위기였다. 가전업체들이 소비자가격을 무려 20% 이상 인하하는 '가전제품 가격파괴'가 유행하면서 심각한 원가 압박이 시작된 것이다. 여기에다 원자재가격 상승, 환율 리스크까지 덮쳤다. 상황이 이렇게 되자 지금까지 추진해온 현장 중심의 경영혁신 활동만으로는 시장에서 살아남을 수 없었다.

고심에 고심을 더한 끝에 전 비즈니스 시스템에 걸쳐 총체적인 경영혁신 활동을 추진하게 되었다. 이때 공장의 핵심급 인재들로 구성된 TDR 팀이 내놓은 방안이 '3BY3' 활동이다. 이것은 3년 내 주요 경영지표에서 3배 이상의 경쟁력을 확보하자는 것이었다. 이는 가격파괴와 향후 원-달러 환율이 300원대가 되는 급격한 환경 변화에서도 살아남아 초우량 기업의 수준으로 도약하기 위한 제2의 혁신 활동이었다. 이러한 특급 미션을 수행하기 위한 기본 사상은 주먹밥식 사고, 즉 '한 방에 끝내자'는 것이었다. 슬로건catchphrase은 다음 5가지였는데 이것은 이후 '혁신 10계명'으로 확장되었다.

- 한 방에 끝내라
- 사고를 파괴하라
- 가격파괴는 조직파괴로부터
- 5%는 불가능해도 30%는 가능하다
- 큰 덩치를 잡아라

이러한 혁신 사상을 바탕으로 개발, 생산 및 판매 부분의 각각에 VIC21Vision realization through Innovation of products, process & empowerment for Customer satisfaction toward 21th century, 100PPM, PMSProduct Marketing Strategy를 주요 툴로 사용하여 TDR 방식으로 강력하게 혁신을 추진했다. 이 중에서 이미 언론이나 벤치마킹, 강연 등으로 유명해진 TDR에 대해 상세하게 설명하고자 한다.

TDR이란 무엇인가

TDR은 한마디로 '기존의 업무를 찢어서 해체하고 새롭게 디자인하는 것'이다. TDR은 1995년에 창원공장에서 만들어졌다. 당시 '가격 파괴'라는 시장의 위기 상황으로 회사는 존폐의 갈림길에 서 있었다. 외국의 한 컨설팅 회사는 '가전 사업을 매각하라'는 진단을 내놓았다. 하지만 그대로 주저앉을 수만은 없었다. 그때 위기를 극복하기 위해 '3BY3 운동'을 시작했다. 그런데 이 도전적인 목표를 완벽하게 달성 하기 위해서는 보다 파격적인 혁신 활동이 필요했다.

이때 '리알RIAL'을 창시한 마쓰시타의 우에다 가즈노리 생산기술본 부장을 초청해 세미나를 가졌는데, 이 리알을 벤치마킹한 것이 바로 TDR이다. 리알은 'Redesign and Improvement through Analysis of Line-System'의 줄임말로 1980년대 마쓰시타가 개발한 기법이다. 리알은 기 존 시스템의 대체가 아니라 완전한 변화를 추구하는 것으로, 생산 및 상품 개발 시에 사용하는 기법이다. 당시 마쓰시타는 리알 활동을 통 해 제품 개발 시 부품 수를 30% 줄이고, 공정 수를 10% 줄이며, 재료 비를 30% 줄이고, 퍼포먼스(성과)를 30% 올리는 것을 목표로 잡았다. 이와 함께 제품 생산, 설계, 판매 등 다양한 부서의 직원들을 망라해 이들을 호텔에 일주일간 합숙시켰다. 그러면 직원들은 기존 제품 또는 유사 제품을 가져다놓고 문제를 파헤치면서 새로운 설계 방안을 모색 했다. 이렇게 그 일과 관련된 전문가로 구성된 독립된 팀을 독립된 공 간에 두어 활동하게 함으로써 대단히 혁신적인 제품을 만들 수 있었다.

나는 마쓰시타의 강의에서 깊은 인상을 받았다. 그래서 세미나가 끝나자마자 단도직입적으로 질문했다.

"리알 하면 뭐가 좋습니까?"

그에게서 돌아온 답은 이랬다.

"첫째, 부품 수가 줄고 공정이 단축됩니다. 둘째, 품질이 높아지고 비용이 줄지요. 셋째, 참여한 사람의 의식이 논리적으로 바뀌고, 사고가 한 단계 업그레이드됩니다. 이 말은 저절로 사원교육이 된다는 뜻입니다."

그의 확신에 찬 말을 듣고 리알을 도입하기로 결정했다. 그래서 사업장 내에 상근할 수 있도록 호텔 수준으로 리노베이션한 합숙소를 만들었다. 직원들이 혁신 활동을 더 집중적으로 할 수 있도록 배려한 것이다. 하지만 TDR 활동을 하다 보면 일에 몰입해 귀가하지 못하는 경우가 비일비재했다. 그래서 발대식 때 가족들을 초청해 "회사의 큰일을 하고 있습니다. 합숙소 안에서만 일을 하니 절대 걱정하지 마십시오" 하고 안심시켰다. 이런 말과 함께 작업장을 직접 보여주면, 가족들은 자신의 남편이나 아빠가 비로소 회사를 위해 중요한 일을 맡았다며 자랑스러워했다.

1995년 한 해 동안 직원 516명을 차출해 85개 TDR 팀을 구성했다. TDR 팀은 통상적으로 3명 이상이 전업으로 참가하고 목표는 기존 대비 30% 이상, 경쟁사를 뛰어넘는 수준으로 설정했다. 나중에는 사무·기술직 직원의 40% 이상이 TDR 활동에 참여했다.

TDR의 5대 요건

얼핏 보면 TDR은 많은 기업에서 일반적으로 사용하는 테스크 포스 팀Task Force Team과 유사해 보이지만 실제로는 큰 차이가 있다. 다음과 같이 크게 차별화된 5가지를 'TDR의 5대 요건'이라 하는데 이를 구체적으로 살펴보자.

① 도전적인 목표 Stretch Goal 선정

적어도 30% 이상의 도전적인 목표를 제시한다. 이때 목표는 반드시 6시그마 툴을 적용해 숫자로 구체화시켜야 한다. 그래야 구성원들이 몰입하여 큰 성과가 창출된다. 실제로 높은 목표를 달성하기 위해 노력하다 보면 달성 가능한 낮은 목표를 세울 때보다 훨씬 높은 성과를 낸다.

② 협업 팀 Cross-functional Team 구성

개선 과제와 관련된 모든 부서의 핵심 인원으로 팀을 구성한다. 이렇게 해야 과제 해결에 필요한 열정과 전문성을 지닌 핵심 인재들이 큰 과제를 '한 방'에 효율적으로 해결할 수 있다. 대부분의 기업에서 경영의 핵심 이슈는 부서와 부서 간에 걸쳐 있는 경우가 대부분이다. 에드워드 데밍 Edward Deming 박사는 "어떤 문제가 생기면 개인이 잘못한 것은 5%이며, 95%는 조직 간에서 발생한다"고 말했다. 따라서 핵심 이슈를 개선하기 위해서는 그 문제와 관련되는 모든 인원이 참여하여 한 방에 끝내야 한다.

③ 상근 활동

과제 해결 기간 중에는 현업에서 떠나 과제 해결에 전념하도록 해야 한다. 백지 상태에서 문제를 다시 들여다보고 해결할 수 있는 '번 뜩이는 아이디어Breakthrough'를 이끌어내기 위해 TDR 활동에만 몰입해야 한다. 현업과 겸업하다 보면 일에 대한 몰입이 안 되기 때문이다.

④ 독립된 공간 확보

TDR 팀원들이 별도의 사무실 없이 각자 원 소속 부서에 흩어져서 활동하게 되면, 몰입도가 떨어지고 팀원들 간에 효과적인 커뮤니케이션도 곤란하므로 효율적인 과제 해결이 어렵다. 따라서 TDR 활동을 위한 별도의 독립된 공간(워룸)을 마련한다.

⑤ 조직의 핵심 이슈 선정

TDR 과제는 현업의 인원을 빼서 상근을 시키는 만큼, 조직의 핵심

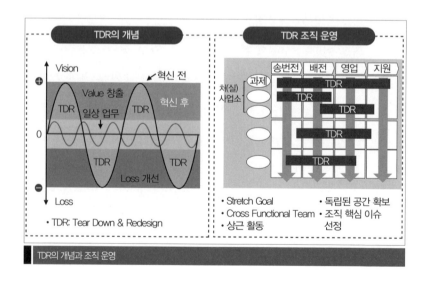

TDR의 개념과 조직 운영

이슈 위주로 선정해야 한다. 이렇게 되면 개선 후에도 경영 성과가 매우 크다.

TDR의 성과

TDR 활동을 통해 생산라인을 혁신해서 생산 컨베이어벨트를 30% 줄이는 데 성공했고, 물류 혁신의 경우에도 400~500억 원의 비용을 30%씩 줄였다. 부산에 있는 트레일러 10여 개 업체를 입찰에 붙여 3개로 줄인 활동도 있었고, 지게차 프로세스를 추적해 반으로 줄이기도 했다.

이후 TDR 팀은 LG전자를 세계적인 가전업체로 발돋움할 수 있게 한 히트상품을 연달아 개발했다. 휘센 에어컨, 디오스 냉장고, 트롬 세탁기 등의 제품 개발과 더불어 제품 원가의 30% 이상을 줄이는 아이디어를 내놓았다. 휘센은 세계 최초로 좌·우·전면 등 3면으로 바람을 분사하는 신개념 제품이다. 양문형 냉장고 디오스는 당시 경쟁업체들이 냉장고 디자인에 집중 투자할 때 기술 개발에 주력해서 만들어진 제품이다. 기존 컴프레서의 회전운동을 직선운동으로 바꾼 '리니어' 컴프레서를 자체 개발해 전력 소모량을 30% 이상 줄였다. 트롬 세탁기는 다이렉트 드럼세탁 방식 기술을 일찍 개발해 만들어진 제품이다. 제품의 원가를 34% 줄이고, 생산성을 45% 높이고, 품질을 75% 향상시켰다.

그 결과 창원공장의 매출은 매년 20% 이상 성장했다. 1990년부터 공장용지나 설비를 전혀 늘리지 않았음에도 매출은 1990년 8,000억 원에서 2003년 5조 1,500억 원으로 늘었다. 이렇듯 엄청난 성과를 거둔 TDR 활동으로 3BY3 목표를 달성할 수 있었다. 3년 동안 영업이익률 기준으로 3배에 가까운 성과를 거둔 것이다.

TDR은 이러한 직접적인 경영 성과 이외에도 개인 및 조직문화에도 긍정적인 효과를 가져다주었다.

첫 번째로, 직원 개인의 자긍심이 높아졌다. 실제로 TDR 과제는 쉽게 해결되지 않는다. 대부분의 과제가 경영의 핵심 이슈이거나 고질적이고 만성적인 문제이기 때문에 이것을 해결하기 위해서는 많은 난관에 부딪히게 된다. 이러한 어려움 속에서 성과를 내기 위해서는 많은 고민과 강한 추진력이 필요하다. 높은 벽을 넘어서 얻은 결과에 대해서는 참여 직원 스스로가 매우 자랑스럽게 생각한다. 쉽게 얻은 결과라면 본인 스스로 자긍심을 느끼지 못할 것이다. 이것은 금전적인 보상과는 비교할 수가 없다. 금전적인 보상의 효과는 일반적으로 1주일을 넘기지 못한다.

두 번째로, 참여 직원은 과제 해결을 위해 관련되는 자료를 찾고, 전문가를 만나서 조언도 구하고, 몇 개월씩 과제를 해결하는 데만 고민했기 때문에 나중에는 그 분야의 1인자가 될 수 있었다. 이렇게 TDR의 성공 체험을 하는 사람이 많이 나오면 결국 조직문화 전체가 도전적이 되고, 어떠한 어려움에도 반드시 성과를 달성할 수 있는 강한 조직을 만들 수 있는 것이다.

TDR의 성공 요인

20여 년간 수많은 TDR 활동을 진행시키면서 다양한 성과를 일구어낸 경험을 토대로, TDR의 성공 요인을 다음 3가지로 요약해보았다.

① 경영자의 현장 미팅

TDR 현장 미팅은 킥오프Kick-off 보고, 중간 보고, 완료 보고, 이렇게 3번에 걸쳐 실시된다. 모든 TDR 과제 보고는 '한 방에 끝내라'에 따라 사장과 경영진 그리고 관련 부서원들이 참석한 가운데 TDR을 수행하는 현장에서 이루어진다. 어떤 의사결정을 할 때는 관계자가 모두 모여 필요한 정보를 공유하고 한 방에 결정하는 것이 중요하다.

그동안 나는 매월 1회 이상 TDR 현장 미팅을 해왔다. 지구 반대편으로 해외 출장을 갔다가 한국에 도착하자마자 시차 적응도 안 된 상태에서 바로 공장으로 달려가 TDR 현장 미팅을 한 적도 있다. TDR 현장 미팅을 하면 기분이 너무 좋았고, 정말 내가 일을 하고 있다는 느낌이 들었다. 사원들이 문제를 개선하기 위해 열정적으로 노력한 결과 곳곳에서 경영 성과가 나오는 것을 보면 가슴이 뿌듯했다.

TDR 현장 미팅을 할 때도 별도의 자료 없이, 사원들이 TDR 과제를 수행하면서 벽에 붙여놓은 현황판 그대로 보고받았다. 현장에서 진행되는 사항을 현물을 보고 토론하고 즉시 의사결정하면, 사원들은 곧바로 다음 일을 진척시킬 수 있어서 불필요한 시간 낭비를 줄일 수 있다. 흔히 경영자들은 일의 과정은 살펴보지 않고 일의 결과만 놓고 의견을 내놓는 경우가 있다. 하지만 잘못된 결과는 경영자에게 책임이 있기 때문에 무작정 비난만 해서는 안 된다. 이럴 경우 도중에 문제를 파악하면 얼마든지 다른 방안을 찾을 수 있다는 데 현장 미팅의 장점이 있다.

② 파격적인 성과 보상

한 해 인센티브 전체 재원의 절반 이상은 TDR 활동을 통해 성과를 낸 사람에게 돌아갔다. 이것은 경영진이 지시한 것이 아니다. 단위 조직의 장이 1년간 조직원들의 성과를 평가하면 일상적인 업무를 수행한 사람보다 TDR 활동을 한 사람의 성과가 탁월했기 때문이다. 그래서 TDR 활동을 한 사람이 인사고과 평가도 잘 받아 승진도 많이 했다. 직원 개인적으로는 그 분야의 1인자가 되어 평생 직장이 아니라 평생 직업도 얻을 수 있었다.

특히 연말에 개최되는 우수 TDR 과제 경진대회에서 수상한 팀에게는 포상금을 주고 이와 함께 포상 여행도 보내주었다. 1995년 TDR을 만들어 처음 시행한 지 10년이 되던 2005년 7월 13일, 100회째 TDR 현장 미팅에 대한 조촐한 행사를 했다. 그동안 지나온 과정을 돌아보니 TDR 활동의 각종 성과물이 이익에 기여하는 비중이 약 60%에 달했다. TDR 팀 수가 5,100개나 되었고, 배우자 포함 9,000여 명이 국내나 해외로 포상 여행을 다녀왔다. 그 가운데 포상 여행의 아이디어는 간단하면서도 효과 만점이었다. 부부나 가족 동반으로 보내는 것은 그 가족들도 가장이 일 때문에 매일 늦게 귀가함으로써 함께 고생한 것에 보답한다는 의미가 있었다. 포상 여행을 갔다 온 사람들은 "부인

이 '또 TDR 해서 여행 가자'더라", "애들이 너무 좋아해서 학교 가서 여행 갔던 얘기를 하며 자기 아빠 자랑하더라", "자녀들에게 가장으로서 뿌듯했다", "부모님도 이웃에게 자기 자식에 대해 자랑스럽게 이야기하고 다니셨다"라며 자긍심을 느꼈다는 이야기들을 많이 들려주었다.

배우자 역시 가장에게 포상 여행만 바랄 것이 아니라 어떻게 내조할 것인지 고민해야 한다. 회사 생활을 하다 보면 한두 번 회사를 그만두고 싶은 충동을 느낄 때가 있다. 그럴 때 "당신 회사 그만두면 안돼! 그러면 우리 가족은 어떻게 살아?"라는 식으로 반응한다면 듣는 입장에서는 더 큰 부담을 느낄 것이다. 그러다 보면, 회사에서도 기가 죽어 자신 있게 일하지 못할 수도 있다. "당신 소신대로 하세요. 그만둔다고 나가서 할 일 없겠어요?" 이렇게 긍정적인 말로 성원해준다면 가장은 자신을 믿고 따르는 가족을 위해 더 열심히 일할 수 있을 거라 생각한다.

③ TDR 5대 요건의 충실한 이행

TDR의 5대 요건 중 하나라도 빠지면 TDR이 충실하게 진행될 수 없다. 이러한 요건에 충실하게 진행하다 보면 우수성과가 나오기 시작한다. 일반적으로 성공 체험을 하면 강한 자신감이 생긴다. TDR 과정에서 목표 달성을 위해 많은 어려움을 돌파하면서 성과를 창출했기 때문에 향후 다른 어떤 일이 주어져도 해낼 수 있다는 강한 자신감이 생기는 것이다. TDR이 확대되면서 성공 체험을 한 조직원들이 점점 늘어나면 그 조직은 '할 수 있다'는 긍정적인 마인드가 형성되고 점점 더 강한 조직문화가 만들어진다.

돌이켜보면 '3BY3', 즉 3년 내 주요 경영지표에서 3배 이상의 경쟁력을 확보하자는 것은 선택의 문제가 아니라 생존의 문제였다. 국내외 환경 변화에 따른 절체절명의 위기에서 살아남기 위해 지푸라기라도 잡는 심정으로 결정한 슬로건이었다. 성공적으로 TDR을 도입하면서 회사는 기대했던 성과를 달성할 수 있었다. TDR은 위기 상황을 맞은 모든 기업체가 도전적인 목표를 달성할 수 있는 혁신의 가장 강력한 엔진임에 틀림없다.

04

혁신의 엔진을
풀가동하라

공기업에 혁신의 씨를 뿌리다

"눈물 없인 혁신 없다!"

"계량할 수 없으면 개선할 수 없다!"

"낭비 제거! 부가가치 창출!"

이 구호들은 서울 강남구 삼성동 한국전력 본사 20층에 있는 TDR 룸에 붙어 있는 커다란 플래카드에 적혀 있는 혁신 구호들이다. TDR 룸에는 다양한 이름을 가진 팀들이 활동하고 있다. 그동안 발주 및 납품제도 개선을 통한 재고 감축안을 만드는 '재고박살 팀', 전기 사용자 실명화를 통한 미납요금 채권 회수 극대화 방안을 연구하는 '명명백백名名百百 팀', 심야전력 등 난방전력 수요 급증에 대비한 전력수급 안정 방안을 모색하는 '농심農深안정 팀' 등이 TDR 룸을 거쳐갔다. 이

들은 한전 직원 2만여 명 중에 가려 뽑은 정예 요원들로 구성되었다. 바로 이들이 활동하는 TDR 팀이 한전 혁신의 구심점이자 조직 혁신의 산실이다.

나는 2008년 한전에 처음 부임하자마자 TDR 활동을 지시했다. 모든 것이 마찬가지이지만 시작할 때는 시범 적용이 필요하다. 시범 적용을 통해서 성과가 있다는 것을 조직원에게 보여줄 필요가 있는 것이다. 먼저 '보고문서 간소화', '콤팩트형 변전소 모델 개발', '변압기 교체 기준 개선'의 3개 시범 과제를 선정하여 활동을 시작했다. 이 3개 과제만으로 첫해에 1,000여 억 원의 원가를 절감했다.

콤팩트형 변전소 모델 개발 사례

이 가운데 '콤팩트형 변전소 모델 개발'에서 나타난 TDR 활동을 구체적으로 살펴보기로 하자.

변전소는 발전소에서 생산한 높은 전압의 전기를 고객이 사용하는 220볼트 전압으로 낮추는 역할을 한다. 그런데 이것이 불필요하게 크면 변전소를 짓는 데 토지 비용이 많이 들고, 건축 자재도 많이 들어 비효율적이다. 따라서 동일한 기능을 하면서도 콤팩트하게 변전소를 짓도록 TDR 활동을 지시했다. 주관 부서에서는 먼저 이 일을 가장 잘 아는 팀장급을 리더로 선정했다. 임명된 리더는 활동의 개괄적인 방향에 따라 건설 분야, 건축 분야, 변전소 운영 분야의 전문가들을 팀원으로 선정하여 3개월간 집중적인 TDR 활동을 시작했다. 먼저 TDR 달성 목표를 건물 규모, 건축 비용을 30% 이상 줄이는 도전적인 목표로 잡았다. 이러한 목표를 달성하기 위해서는 기존 업무의 연장선상에서 케이블 실을 조금 줄이고, 크레인 설치를 작게 하고, 각종 변전기기 반입로 공간을 조금 줄이는 방식으로는 불가능했다. 이런 방식으로는 30% 이상의 공간을 줄일 수 없었기에 결국 원점에서 새롭게 다시 디자인하지 않으면 목표를 달성할 수 없었다. 그래서 팀원들은 거의 밤을 지새우다시피 하여 신기술 적용을 검토하고, 변압기 풍도를 재설계하고, 케이블 실을 완전 재배치하는 등 총 23가지의 공간 재배치 안을 수립하여 개선했다. TDR 현장 미팅도 킥오프·중간·완료 보고 3차례에 걸쳐 실시했다. 킥오프 미팅에서는 처음 TDR 과제가 실시될 때 향후 방향성에 대해 보고했다. 이는 참여한 경영진 및 관련 부서에서 의견을 개진하여 활동하고자 하는 방향이 맞는지를 검

콤팩트형 변전소

토하고 격려하는 자리였다. 중간 보고는 지금까지 진행되고 있는 사항에 대하여 보고를 했는데 지금까지의 활동 결과로 볼 때 목표 달성이 가능한지, TDR 활동을 하는 팀원들이 어떤 난관에 부딪혀 경영자가 도와주어야 될 사항이 있는지 등을 검토했다. 최종적으로 완료 보고는 성과를 리뷰하고 고생한 것에 대해 격려를 하는 장으로 마감되었다.

COS 3상 동시차단장치 개발 사례

이와 더불어 TDR 활동 사례를 하나 더 소개한다. 이를 통해 TDR 활동의 진면목을 접할 수 있을 것이다. 'Go! Go! Go!' 이것은 전북본부 싱크오프Synch-Off C.O.SCut Out Switch(휴즈 지지 장치) TDR 팀이 아침마다 티타임을 가진 후 외쳤던 구호다. 이 팀의 과제는 'COS 3상 동시차단장치를 만들어라!'였다. 처음 이 팀이 연구과제 주제를 받았을 때는 당장 내일이라도 만들 수 있을 것처럼 의욕이 넘쳤다. 팀원 소집 첫날부터 TDR 룸에 COS 장주를 설치하고 COS를 계속 바라보면서 브레인스토밍을 시작했는데 아이디어가 끊이질 않았다. 하루, 이틀 지나고 일주일, 이주일이 지나갔다. 점점 팀원들은 COS 전문가가 되어갔다.

4주가 지나 킥오프 보고를 마치고 나서는 그동안 생각해낸 아이디어를 어떻게 제품으로 만들 것이냐 하는 문제를 생각했다. 결국 각각의 아이디어를 기록해 시제품으로 만들어줄 업체를 찾아 나섰다. 2개조로 나눠 서울, 창원, 인천 등등 전국 각지를 돌아다녔다. 각 업체마다 동작원리를 설명하기 위해 여행용 가방에 COS를 넣고 이곳저곳 돌아다녔다. 여러 업체를 돌아다녀본 결과, 개폐기 제작업체처럼 전기적 전문 지식이 많은 업체들은 이 팀이 생각한 아이디어 자체를 부정했다. 그들은 아크 소호 문제나 오동작 문제 등을 이유로 COS를 기계적으로 동시 차단한다는 내용에 매우 부정적이었다. 이쯤 되니 처음에는 쉬워 보였던 과제가 단기간에 해결이 불가능한 힘든 과제였다는 것이 드러났다. 하지만 팀원들은 계속 여기저기 발품을 팔며 돌아다닐 수밖에 없었다. 그 결과 이 팀의 아이디어에 긍정적인 업체를 만날 수 있었고, 결국 그 업체와 계약을 맺고 시제품 제작에 들어갔다. 개략적인 도면을 구체화시켜 제품을 제작하는 데 상당한 시간이 소요됐다. 이 제품만 성공한다면 전사적으로 엄청난 재무 성과를 가져올 것인 만큼 업체에 대한 이 팀의 요구 사항이 많아졌기 때문이다. 마침내 계약업체와 계속적인 교류 끝에 시제품이 만들어졌고 이제 개발품을 시험하는 일만 남았다.

시험 날이 되자 모든 팀원들은 부푼 기대감을 안고 고창 전력시험센터로 향했다. 현장견학을 먼저 하고 개발 장치를 설치했는데, 처음 시공한 탓에 시간이 꽤 걸렸다. 오랜 기다림 끝에 설치가 완료되었고 고장전류를 흘리기 전 카운트다운이 시작됐다. "셋! 둘! 하나!" 모두 숨죽이고 있는 가운데 "쾅" 하는 소리가 나면서 고장전류가 흘렀고 COS 한 상이 개방되면서 다른 두 상 역시 개방되기 시작했다. 결과는 성공이었다. 이렇게 해서 3개월이라는 일정으로 진행했던 TDR 과제를 성공적으로 수행할 수 있었다. 이를 통해 '싱크오프 C.O.S' 팀원들은 '혁신'에 대한 두려움을 떨쳐버리고 적극적으로 앞장서는 직원으

TDR 현장 미팅 장면

로 거듭났다.

현재 한전은 TDR이라는 혁신의 엔진을 쉼 없이 가동하고 있다. 불과 2년밖에 안 되는 기간이지만, 첫해에 시범 과제 3개를 통해 약 1,000억 원, 이듬해 100여 개의 과제를 통해 약 4,000억 원이라는 막대한 원가 절감 효과를 거두었다. 이러한 도전적인 과제 수행을 통하여 전기요금 인상 요인 최소화에도 큰 기여를 했다. TDR은 공기업 한전의 체질을 완전히 바꾸어놓는 혁신의 견인차 역할을 충실히 해냈다.

05

6시그마,
무결점에 도전하라

6시그마로 거둔 성공

"Six Sigma Kim!"

이것은 해외 바이어들이 나를 만날 때마다 부르는 별명이다. 내 이름의 이니셜 'SS, Kim'을 따서 만든 것이다. 나는 그들이 'Six Sigma Kim'이라고 부르는 것을 대단히 자랑스럽게 생각하고 있다. 1999년에 가전업계 '신지식인 1호'로 뽑힌 것과 함께 '혁신의 전도사'로 불릴 수 있었던 것도 결국 6시그마 덕분이다. 1996년 국내 최초로 6시그마를 도입하고 정착시킨 후, 1999년에는 국내 전 산업 분야에서 200여 차례에 걸쳐 2,500여 명이 벤치마킹하기 위해 회사를 다녀갔다. 2003년 노무현 전 대통령의 참여정부 시절 청와대 특강을 한 이후로는 정부기관, 학계, 재계 등에서 수차례 강의를 했다.

LG전자는 1996년 GE로부터 국내 최초로 6시그마를 도입했다. 1990년대 초에는 품질 개선이 시급했기 때문에 조직의 역량을 결집한 품질 개선 활동에 주력하고 있었다. 1992년부터는 '100PPM'을 도입했고, 그 결과 품질 불량률은 해마다 급격히 떨어지고 있었다. 100PPM 활동의 성과는 대단한 것이었다. 그런데 1994년 정도부터는 그 개선 폭이 점점 둔화되더니 더 이상의 품질 개선에 큰 진척이 없었다. 그때 나는 품질 개선을 위한 또 다른 방안이 없을까 심각하게 고민했다. 사실 100PPM 활동은 불량이 발생한 근본 원인을 제거하지 않고 불량품 이후 공정, 즉 불량이 생긴 제품이 고객에게 가지 않도록 검출하는 활동이기 때문이었다. 일반적으로 99%의 품질 수준을 달성할 수 있는데 당시 국내외 경제 상황은 이 정도에 만족하는 것을 허락하지 않았다.

6시그마를 도입한 이유

6시그마 도입 당시인 1997년 통계청 자료에 의하면 '산업 및 정부의 품질 실패 비용'이 GDP 491조 원의 35%인 174조 원에 달하고 있었다. 당시 국가예산 71조 원을 훨씬 뛰어넘는 비용이 품질 불량으로 발생했던 것이다. 일반적으로 우량 기업들의 영업이익률을 10%로 보면 불량으로 손해 보는 것이 영업이익보다 더 많을 수도 있다는 내용이었다.

이에 따라 100PPM을 한 단계 '점프 업' 할 수 있는 방법이 절실했다. 그러던 차에 1995년 10월 GE를 방문했을 때 1996년부터 6시그마를 시작하려고 준비한다는 내용을 브리핑 받았다. 그것을 보고받는 순간 나는 6시그마에 완전히 반하고 말았다. '내가 찾고 있는 툴이 여기 있구나!' 하는 생각이 들었다.

이후 2명의 직원을 파견하여 6시그마를 6개월간 교육받고 한국 최초로 도입하게 되었다. 당시 LG전자는 GE와 전략적 파트너십을 유지하고 있었고, 서로 간의 베스트 프랙티스를 공유하는 관계가 형성되어 있었다. LG전자는 소음, 절전 기술 등을 제공하고 그 대신에 6시그마를 배워왔다.

6시그마 활동은 머리로 하는 혁신 활동이다. 그래서 'Smarter than Harder'라고 했다. 쉽게 말해 몸으로 때우는 일을 하지 말자는 것이다. 이제는 몸으로 하는 일은 그만두고, 머리를 쓰자는 의미에서 실행한 것이 6시그마였다.

6시그마는 무결점을 지향한다. 그런데 이미 우리 선조는 6시그마를 한 것이나 다름없다. 팔만대장경이 그것이다. 팔만대장경은 총 8만 1,258장인데 한 개의 오타도 없기 때문이다. 그만큼 팔만대장경은 불량품이 없는 세계 최고의 문화재라는 것을 알 수 있다. 6시그마는 100만 개에서 3.4개 불량품만 허용하는 '무결점주의'를 지향한다. 0PPM이나 마찬가지다.

100PPM은 눈으로 확인하는 품질관리, 즉 가시적인 불량품을 가려내는 것을 말한다. 이에 비해 6시그마는 눈에 보이지 않는 근본 문제까지 개선한다. 전자가 낫으로 잡초를 베는 것이라면, 후자는 호미로 잡초의 뿌리를 뽑아버리는 것을 말한다.

6시그마는 단순히 제품의 품질만을 관리하는 것에 머물지 않는다. 이것은 경영혁신의 툴이기도 하다. 경영에 마이너스 요인이 되는 것은 다 불량품으로 본다. 예를 들어 아침에 지각을 하는 것이나 불성실하게 근무하는 것도 불량품의 하나다. 이렇게 본다면 6시그마는 제품뿐만 아니라 사람과 일에서도 품질을 엄격히 따지는 것이다. 6시그마는 결국 경영의 마이너스 요인을 불량품으로 보고 이를 뜯어고치려는 툴이다.

경영혁신의 핵심 툴, 6시그마

6시그마를 제대로 운영하기 위해서는 어떻게 해야 할까? 반드시 톱다운Top-Down 방식으로 진행해야 한다. 경영자가 목표를 주고 여기에 6시그마 툴을 접목해 "언제까지 얼마만큼의 성과를 내라. 내가 모든 지원을 해주겠다"는 식으로 해야 성공할 수 있다. 뿐만 아니라 경영자는 진행되는 과정을 챙겨주어야 한다. 과정 중에 문제를 발견하고 해결해주어야지 결과만을 확인해서는 안 된다.

그동안 LG전자는 6시그마 활성화를 위해 6시그마 자격 제도인 '벨트Belt 제도'를 도입하여 승진 및 부서장 임명의 자격 조건으로 삼았다. 이를 통해 얻은 성과는 이루 헤아릴 수 없이 많다. 나는 "6시그마를 하면 무엇이 좋은가?"라는 질문을 자주 받는데, 6시그마의 장점은 다음과 같다.

첫 번째는 계수 중심의 경영이 가능하다는 것이다. 제조업 분야의 경영자들이 현장에 나가면 "라인에 별다른 문제 없지? 잘 돌아가지?" 하고 물어본다. 그러면 직원은 달리 대답할 내용이 없기 때문에 그저 "잘 돌아가고 있습니다"라고 대답한다. 이런 식의 대화로는 제대로 된 현장 파악이 되지 않는다. 하지만 6시그마 활동을 하면 이런 식의 대화가 나온다.

"라인의 Z값이 얼마인가?"

"3.5입니다."

"목표가 얼마인데 3.5인가?"

"4.5인데 아직 달성을 하지 못하고 있습니다."

이렇게 계수를 가지고 대화를 하면 라인이 제대로 돌아가는지, 문제가 무엇인지 금방 파악할 수 있다. 6시그마 툴은 한전에서도 마찬가지로 활용되었다. 한전이 관리하는 전신주에는 애자礙子가 달려 있는데, 애자는 전선을 잡아주고 동시에 절연시키는 중요한 역할을 한다. 그런데 시간이 경과하면서 애자의 강도가 약해져 떨어지면 전선이 이탈하면서 정전 사고가 생긴다. 이때 보고하는 사람이 "어느 전신주에 있는 애자가 강도가 약해서 떨어져 몇 분간 정전이 생겼습니다"라고 보고하면 보고받는 사람은 "애자 강도를 올려서 문제가 안 생기게 해!"라고 대화할 수밖에 없다. 그렇게 되면 다음에 유사한 문제가 또 발생할 수밖에 없다. 6시그마를 도입하면 구체적으로 "애자 강도 규격이 얼마인데 불량품은 강도가 얼마 나오니까 이런 식으로 개선해야 되겠습니다"라고 이야기하게 된다. 이렇듯 6시그마 경영 활동을 하면 모든 게 뚜렷하고 분명해진다.

과거에 서울 시내를 운전하다 보면 '속도를 줄이십시오'라는 표지

판을 볼 수 있었다. 어느 정도 속도로 달리라는 것인지 참 애매했다. 요즘은 달라졌다. '80km 이하로 가십시오'라는 식으로 바뀌었다. 이를 6시그마로 하면 '70±10km로 가십시오'가 된다. 이렇게 바뀌면 최소한 60km로는 달리게 되므로 교통체증도 안 생기고, 또 운전 미숙자들은 아예 진입하지 않게 된다.

둘째, 조직원들이 강한 논리력을 배양하게 된다. 과거에 GE와 비즈니스 차원에서 가격 협상을 했을 때 느낀 것인데 이 사람들은 매우 논리적이었다. 직급이 낮더라도 논리적으로 자신의 주장을 펴기 때문에 우리 직원들이 여기에 제대로 대응하지 못하는 경우가 있었다. 이후 6시그마가 정착되자 직원들이 과학적이고 체계적인 사고를 하게 되었다.

셋째, 보고서가 단순해진다. 6시그마 기법대로 하면 세 장이면 보고서가 완성된다. 왜냐하면 이미 로직이 다 되어 있기 때문이다. 이렇게 모든 문서가 단순해지는 것과 함께 업무를 굉장히 빨리 진행할 수 있다.

넷째, 경영 성과가 좋아진다. 경영 성과는 근본적인 문제를 개선할 때 비로소 나오는 것이다. 6시그마를 하면 억지로 경영 성과를 만드는 게 아니라 저절로 나오게 된다. 6시그마는 LG전자가 IMF 경제위기를 극복하고 가전 부문 글로벌 톱3가 되는 데 큰 기여를 했다. 6시그마는 근본적으로 고유 기술 자체를 개발할 수는 없지만 고유 기술을 적용하는 과정에서 생기는 문제점을 해결해준다. 이렇게 해서 고유 기술을 실행하게 함으로써 차별화된 핵심 역량을 확보하도록 만들어주었다.

1996년 이후 6시그마를 통해 혁신을 이룬 구체적인 사례는 다음 4가지로 요약된다.

① 요소기술 개발

플라즈마 표면 개질 기술을 에어컨 열 교환기에 적용하는 과정에서 발생한 문제점들을 6시그마로 해결하여 최적화 규격을 도출함으로써 요소기술 양산에 성공했다. 이를 통해 원가 개선 및 품질 향상을 통해 제품 경쟁력을 높였다. 이는 당시 국내외 어떤 경쟁사도 따라오지 못하는 차별화된 경쟁우위를 확보한 것이었다.

② 신 생산공법

외국으로부터 기술을 도입하여 사용하던 에어컨 리턴밴드(굽은 동 파이프) 용접공법을 개선하는 과정에서 6시그마 툴로 CTQ Critical to Quality(고객의 관점에서 품질에 영향을 주는 핵심 특성치)를 찾아 개선하고 검증함으로써 원가 및 품질 경쟁력을 향상시켰다. 또한 고유의 경쟁력 있는 신 생산공법을 개발할 수 있었다.

③ 생산성 장애 과제 해결

에어컨 컴프레서 생산성 향상을 위한 주요 장애 과제를 6시그마 툴로 해결하여 추가 라인 증설 없이 부분 투자로 생산량을 3배 향상함으로써 제조 경쟁력을 확보했다. 주요 장애 과제 중의 하나인 강관을 절단하여 사용하는 공법은 수차례 시도했으나 실패했고 최근 일본의 경쟁업체도 실패한 적이 있다. 그러나 내경 치수와 길이의 산포 문제를 6시그마 툴로 분석, 개선하여 성공시켰다.

용접 방식을 2개의 토치Torch로 3개 공정에서 작업하던 것을 6개의 토치로 한꺼번에 작업하게 했으며, 이때 동시 용접으로 인한 열 변형 문제를 6시그마 툴로 해결했다. 또한 도장 시간 단축에 따른 컴프레서 내부 수분량 증가 문제 또한 6시그마로 해결했다.

④ 극한 설계

전자레인지 앞쪽 문 두께를 최소화하기 위한 극한 설계에 6시그마 툴을 적용하여 성공했다. 사출물 중량 감소 아이디어와 저가의 신소재를 개발, 적용하는 과정에서 발생하는 문제점을 6시그마로 해결함으로써 앞쪽 문 두께를 최소화하여 원가경쟁력을 높였다.

한전의 6시그마 활동 사례

한전에서 실시한 6시그마 활동을 빼놓을 수 없다. 6시그마 활동인 '1인 1프로젝트', 즉 한 직원이 의무적으로 하나의 혁신 과제를 수행한 사례를 소개한다.

첫 번째, 전북본부 송전계통팀원의 사례다. 이 팀원의 주 업무는 신재생에너지를 이용하는 발전소와 협약 체결을 담당하는 일이다. 어느 날, 그는 전력량 기록 데이터에서 이상한 데이터를 보게 되었다. 분명 태양광 발전소가 연계되어 있는 전용선로인데 심야에 발전량이 기록되는 것이었다. 나중에 알아보니, 시스템에는 이상이 없었는데 다른 본부에서도 동일하게 데이터 기록이 되고 있었다.

그는 이것을 '1인 1프로젝트' 과제로 삼고 본격적으로 혁신 활동에 들어갔다. 예전에 업무로 인해 알고 있던 PTI Power Technologies International (전력 계통 해석 프로그램)에 전력계통해석 연구원에게서 태양광 발전소 시뮬레이션 자료를 얻음으로써 현장에서 발전소 장비로 시험할 수 없었던 것을 할 수 있게 되었다. 작업을 계속 진행하던 중 드디어 발전소 변압기와 선로의 손실에 의한 것임을 알 수 있었다. 이후 손실부과를 위해 태양광 업체에 공문을 보냈다. 업체에서 운영하는 발전소로 인한 심야 발생 손실에 대해 비용을 부과한 것이다. 이와 함께 본사에서 배전 등 4개 팀의 차장들이 모여서 서로의 의견을 조율하고 배전건설처의 TDR 관련 내용을 통해 규정을 변경하기로 했다. 그 후 규정이 변경되었고 발전소 손실에 대해서는 한전이 더는 부담을 지지 않게 되었다.

두 번째, 경기본부 평택지점 직원의 사례다. 이 직원은 MOF Metering Out Fit (계기용변성기) 고장검출기를 개발하는 것을 '1인 1프로젝트' 과제로 삼았다. MOF는 고압 이상 고객의 전기사용량을 계량하는 데 필요한 계량장치로 전자식 전력량계와 함께 매우 중요한 전기설비다. 발전소에서 발전된 전력은 송변전 설비를 통하여 배전사업소에 도달하는데, 고객에게 공급되는 전력량을 정확하게 계량하여 요금으로 회수하는 것은 배전사업소가 프로핏 센터로서의 기능을 하는 데 꼭 필요한 일이었다. 그런데 MOF에서 아무도 모르게 손실되는 전력이 적지 않음에도 여태껏 방치되다시피 했다.

이때까지 고압계기 담당자들은 'MOF의 중성선에 흐르는 전류는 고객측 전기설비가 부하 불평형을 이룰 때 발생한다'는 잘못된 업무 지식을 갖고 있었다. 하지만 그는 그러한 고정관념을 뿌리 뽑는 데 성공했다. 그는 MOF의 중성선에 전류가 흐르는 것은 부하 불평형 때문이 아니라 MOF 내부의 고장 때문이라는 것을 실험을 통해 입증한 것이다. 이후 MOF 관련 제안을 근간으로 본사에서 TDR 팀이 구성되어 좋은 성과를 거두었다. MOF 검출기를 개발하여 원격으로 고장을 검출하면 손실과 파급 고장을 예방할 수 있다는 것이 입증되었다. 이렇게 해서 MOF 검출기는 전국 사업소 50여 곳에 설치하여 시범 운용중이고, 2011년부터 점진적으로 확대부설 하기로 했다.

세 번째, 부산본부 북부산 전력소 직원의 사례다. 이 직원의 '1인 1프로젝트' 과제는 주간 식별용으로 설치된 항공장애표시구를 야간에도 사용가능하게 할 수 있는 방안을 모색하는 것이었다. 최근 경찰청에서는 24시간 공중치안 서비스 제공을 위한 헬기운영지침에 따라 적극적으로 헬기를 운용하고 있다. 특히 주·야간 고속도로 공중교통관리 임무 소요가 증가하여 일주일에 주간 3~4회, 야간 1회 비행을 하고 있었다. 경찰청이 사전 운항코스의 장애물에 대한 검토를 해보니 조금만 방심하면 헬기가 고속도로에 설치된 송전선로와 접촉하여 대형 사고가 발생할 가능성이 남아 있었다.

그는 형광물질에 대한 자료를 수집하다가 반사에 탁월한 물질인 '글래스 비드Glass Beads'를 알게 되었다. 샘플을 운동장에 놓고 경찰청 헬기에 탑승해 시험비행을 하면서 실제로 확인했다. 이렇게 '1인 1프로젝

전력연구원 현장 미팅 장면

트' 과제 수행을 통해, 경찰청은 안전운행으로 인명 피해와 큰 재산상의 손해를 막을 수 있었고 한전도 고장 예방 차원에서 큰 효과를 거둘 수 있었다.

지금 우리나라가 국민소득 3만 달러에 도전하려면 현재의 방법으로는 불가능하다. 여태까지는 그냥 열심히 하면 됐지만, 이제는 똑똑한 방법을 찾아야 한다. 중소기업과 일부 대기업들이 국내는 인건비가 높아서 중국으로 공장을 옮기고 있다. 단순히 인건비만 싸다고 문제가 해결될까? 그건 불가능한 일이다.

6시그마는 그 좋은 해결책이 될 수 있다. '자원유한 지무한'이라는 말처럼 우리가 믿고 기대할 것은 우리의 지혜뿐이다. 바로 6시그마를 통해 우리의 우수한 인적자원의 지혜를 끄집어내는 데 최대한 노력해야 한다. 그런 점에서 6시그마 같은 강력한 경쟁 도구는 없다고 본다.

우리나라에 6시그마 신봉자가 많으면 많을수록 앞으로 더욱 발전할 것이며, 이러한 6시그마 활동을 통해 QCD(품질, 생산, 납기)를 확실히 하면 글로벌 경쟁력을 충분히 갖출 수 있을 것이다.

06

위험을 두려워하지 마라

리스크 없이 블루오션 없다

'블루오션'은 경쟁이 없는 새로운 시장을 말한다. 이와 달리 경쟁이 치열한 기존 시장은 레드오션이다. 왜 '블루오션'을 개척해야 할까? 현재 비즈니스 세계는 글로벌 경쟁이 날로 심화되고 있다. 기업의 평균수명을 보면 1920년대에는 65년이었는데 1990년대에는 10년으로 짧아졌다. 여기에 기존 시장은 과열 경쟁으로 과포화 상태다. 따라서 정해진 시장에서 경쟁자를 이기는 데 집중하기보다는 새로운 시장을 창출하는 것이 중요한 과제로 대두되었다.

세계적인 항공사인 사우스웨스트는 블루오션을 개척한 대표적인 예다. 유사한 방식으로 경쟁을 하고 비슷한 가치를 제공하는 산업 내의 게임 룰이 정립되다 보니 기존 시장은 경쟁 압력이 증대했다. 이때 사우스웨스트 항공은 전혀 다른 방식으로 사업을 시도했다. 그들이 내세운 것은 바로 대도시 간 빈번한 운항과 기내식 폐지 등의 원가절감을 통해 낮은 요금과 친절하고 빠른 서비스를 제공하는 것이었다. 이렇게 해서 그들은 가치 혁신을 이룰 수 있었다.

많은 사람들이 경쟁에서 이기기 위해서는 남이 가지 않은 길을 가는 것이 매우 중요하다고 한다. 하지만 실제로 그 길을 가기란 대단히 어렵다. 대체로 그런 길일수록 수많은 리스크가 존재하기 때문이다. '블루오션'이 그렇다. 남이 지나간 길을 그대로 따라가서는 블루오션을 만들 수 없다. 블루오션을 만들려면 앞으로 어떤 상황이 벌어질지 예측할 수 없기 때문에 본질적으로 위험을 무릅쓰고 개척하는 수밖에 없다.

비유를 하자면, 어부에게 친숙한 연안 앞바다는 '레드오션'이다. 어부는 이 시장(바다)에 대해 속속들이 파악하고 있지만, 수많은 어부들이 치열하게 경쟁하기 때문에 포획량이 많지 않다. 그런데 한 어부가 과감하게 연안을 버리고 태평양으로 떠났다고 하자. 태평양에서는 연안 바다에서 잡을 수 없는 대형 어류들이 무진장 많다. 이 태평양이 바로 '블루오션'이다. 하지만 초행길이기 때문에 만선의 기대와 함께 난파될지 모른다는 두려움이 생길 수밖에 없다. 리스크가 따른다는 말이다.

블루오션 전략의 성공 사례

블랙라벨 초콜릿폰, 샤인폰이 바로 위험을 무릅쓰고 블루오션을 개척한 대표적인 사례다. LG전자의 CEO로 취임할 당시에는 타 회사에 비해 휴대폰 사업부가 취약한 편이었다. 자체적으로 검토를 해보니, 잠재력이 무궁무진했지만 아직 별 성과를 내지 못하고 있는 실정이었다. 새로운 사업부를 만들어 대규모 투자를 하지 않고도 R&D만 잘하면 대표 상품으로 만들 수 있겠다는 자신감이 들었다. 한마디로 휴대폰은 황금어장으로 보였고 거기에 역량을 집중했다.

그 결과 각고의 노력 끝에 만들어진 것이 블랙라벨 '초콜릿폰'이다. '블랙라벨'은 소재를 고급화하고 가격을 한 단계 높인 고급 의류 제품을 의미한다. 특별히 패션 브랜드에서 통용되는 '블랙라벨' 개념을 차용하여 디자인의 고품격화를 지향했다. 기존의 기술 중심의 시장과 달리 감성에 호소하는 디자인 중심의 시장을 개척하는 데 따른 위험 부담이 적지 않았다. 하지만 불굴의 도전 정신으로 실행에 옮겼다. 결국 스마트한 스타일의 시크한 디자인을 갖춘 '초콜릿폰'은 국내는 물론 전 세계적으로 2,000만여 대가 팔렸다.

초콜릿폰은 당시 슬림화에 맞추어진 기술 경쟁 시장과 달리 디자인 시장을 개척했다. 이러한 발상의 전환은 블루오션 전략에 의해 가능했다. '전략 캔버스Stretegy Canvas'라는 블루오션 전략이 있다. 이것은 '제거Eliminate-축소Reduce-강화Raise-창조Create'라는 방법으로 가치 혁신을 이루는 것을 말한다. 이에 따르면, 초콜릿폰은 감성 디자인을 '창조'하고 슬림 형상을 '강화'하기 위해 사용자의 편리성은 다소 '축소'했다. 그렇게 감성 디자인 중심의 '블루오션 휴대폰' 시장을 개척하여 성공할 수 있었다.

| 초콜릿폰 | 트롬 세탁기 | 3도어 냉장고 |

초콜릿폰의 성공은 휴대폰 사업부뿐만 아니라 LG전자 전체의 브랜드 이미지를 향상하는 데 크게 기여했다. 이때 전략 캔버스 전략에 대한 확신이 들어, 블랙라벨 두 번째 모델 '샤인폰'에도 전략 캔버스를 적용했다. 이 제품은 스테인리스 스틸을 소재로 했다는 점 때문에 출시 직후 시장에서 큰 화제를 모았다. 스테인리스 스틸을 휴대폰 케이스의 소재로 사용하는 것은 거의 불가능하다고 여겨졌다. 가공도 어렵고 전파수신율도 떨어지는 등의 리스크가 있었기 때문이다.

하지만 끈질긴 승부 근성으로 그러한 한계를 극복했다. '탱고'라는 알고리즘을 개발하고 레이저 성형술을 착안하는 등 과거와는 다른 획기적인 기술을 개발하여 제품에 적용해 남들이 불가능하다고 말했던 일을 가능한 일로 바꾸었다. 이를 바탕으로 고급스러운 질감의 견고하고 품위 있는 프리미엄 제품을 만드는 데 성공했다. '샤인폰' 역시 전 세계적으로 1,000만여 대가 팔릴 정도로 시장에서 성공했다. 이 제품은 '창의와 도전 정신'으로 탄생한 새로운 콘셉트의 제품으로, 남들이 가지 않은 길을 앞장서서 갔던 제품이다. 샤인폰은 '초콜릿폰'의 뒤를 잇는 또 하나의 블루오션 제품으로 우뚝 섰다.

'스팀 트롬' 드럼 세탁기 역시 리스크를 무릅쓰고 가전시장의 블루오션을 개척한 사례다. 스팀 트롬은 세탁 과정에서 스팀을 이용해 세탁력을 향상시키고, 물과 전기 사용량을 줄인 신개념 세탁 기술을 도입한 제품이다. 스팀 트롬은 가전제품으로는 처음으로 '대한민국 10대 신기술'에 선정되기도 했다. 또한 '3도어 냉장고'는 아이스 메이커 Ice Maker를 도어에 부착한 신기술 개발로 미국시장에서 가장 높은 가격에 판매됐다.

위대한 기업을 꿈꾸는 경영자는 리스크를 두려워하지 않고, 창의적인 아이디어로 블루오션 창출에 도전해야 한다. 도전 정신이 살아 있어야 기업이 더욱 역동적으로 움직인다. 잠깐의 성공에 안주하지 말고 과감하게 도전하여 블루오션을 개척하는 주인공이 되도록 노력해야 할 것이다.

PART5

PRODUCT

GREAT C

차별화된 가치를 제공하라

모든 비즈니스의 주체는 고객이다. 고객의 관심과 사랑을 받지 못하면 어떠한 비즈니스도 성공할 수 없다. 아무리 혁신에 성공해 높은 매출이익을 달성한 기업이라도 고객 만족을 충족시키지 못하면, 결국 실패할 것이 분명하다. 따라서 혁신의 완성은 고객 만족으로 완성된다는 점을 명심해야 한다. 실로 고객은 경영의 출발점이자 종착점이다.

& SERVICE

OMPANY

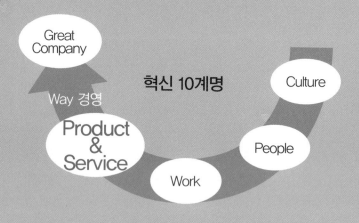

혁신 10계명

고객에게 미쳐라
발로 뛰는 마케터가 되라
디자인으로 승부하라
기술 혁신을 선도하라
'녹색기술'로 미래를 선점하라
투명하고 공정한 상생 경영을 하라
사회에 공헌하라

01

고객에게 미쳐라

고객의 눈높이에 맞춰라

"전화 주셔서 감사합니다. 고객님, 무엇을 도와드릴까요?"

"며칠 전에 그 회사 제품을 샀는데요. 대리점에서 제일 좋다고 해서 비싼 걸로 샀는데, 집에 배달된 제품을 보니까 그 껍데기 있지요?"

"아, 예. 외관 케이스 부분 말씀이군요?"

"예, 거기 밑이 찢어져 있더라고요."

"그렇군요. 죄송합니다, 고객님."

"죄송이고 뭐고 간에 처음부터 맘에 안 들었어요. 포장지부터가 찢어져 있더라고요. 몇 년 동안 세계에서 가전제품을 제일 많이 판 회사라고 하던데, 그런 회사에서 물건을 이렇게 만들어도 되는 거예요?"

"죄송합니다. 고객님. 제품을 다시 환불해드리겠습니다."

　LG전자는 각종 회의를 시작하기 전에 고객들의 목소리를 보고서가 아닌 실제 육성 그대로 듣고 난 다음 고객의 입장에서 반성하고 회의를 시작한다. 간혹 억울하다는 생각을 할 수도 있다. 전화 내용상으로 보면 제품을 만들 때의 문제가 아니라 유통 과정에서 제품 취급을 잘 못해서 찢어진 것으로 추정할 수 있기 때문이다. 그러나 고객은 그러한 것까지 이해하지 않는다. 고객의 판단은 항상 옳다.

　1990년대 초만 해도 LG전자의 품질은 다소 미흡한 편이었다. 하지만 지금은 전 세계 시장에서 1등 경쟁을 벌이고 있다. 이러한 원동력은 고객의 관점에서 우수한 품질의 제품을 제공하고 있기 때문이다. 당시 직원들의 품질의식을 고취시키기 위해 어떤 사유든지 고객으로부터 제품이 반품되면 그 제품을 모아서 전 직원이 참석한 가운데 파괴한 적이 있었다. 그러한 제품 중에는 제품의 기능이나 성능에는 전혀 문제가 없지만, 제품 외관이 긁힌 것 같은 사소한 문제의 제품도 많았다. 그런 제품도 가차 없이 파괴하는 모습을 본 직원들은 매우 안타까워했다. 돈 문제보다 딸을 시집보내는 심정으로 어렵게 제품을 만들어 고객에게 보냈는데 그런 결과로 돌아온 것을 보고, 고객들의 판단 기준은 정말 엄격하다는 것을 느끼는 계기가 되었다. 그러면서 '고객의 관점에서 더욱 눈높이를 올려 최상의 제품을 만들지 않으면 살아남지 못하겠구나!' 하는 생각을 전 직원이 갖게 되었다. 이러한 노력이 모인 결과, 현재는 가전제품 글로벌 컴퍼니가 되어 전 세계 고객들에게 가장 사랑받는 가전제품을 만드는 회사 가운데 하나가 되었다.

결국 모든 비즈니스의 주체는 고객이다. 고객의 관심과 사랑을 받지 못하면 어떠한 비즈니스도 성공할 수 없다. 때문에 많은 기업들이 고객의 관점에서 양질의 제품을 내놓고 다양한 홍보와 마케팅 활동을 전개하고 있다. 하지만 고객의 눈길을 잡기란 그리 쉬운 일이 아니다.

고객의 마음을 사로잡는 비결

어떻게 고객의 마음을 사로잡을 수 있을까? 이 해답은 가격Price, 서비스Service, 혁신Innovation, 품질Quality이라는 4가지 요소, 즉 'PSIQ'에서 찾을 수 있다.

PSIQ를 만족하는 사례는 아래 서울대 송병락 명예교수의 저서 내용에 잘 나와 있다.

서울의 한 유명한 비빔밥 집이 있는데 그 식당은 손님이 30분 가까이 줄을 설 정도로 장사가 잘됐다. 밖은 허름했지만, 안은 정리정돈이 잘되어 있어 깔끔했다. 말하자면, 혁신Innovation이 되어 있는 가게였다. 자리에 앉자마자 주문을 하니까 불과 1~2분 내에 비빔밥이 나왔다. 스피드Speed도 겸비한 것이다. 수저를 들어 맛을 보았더니, 역시 최고였다. 품질Quality을 갖추었다. 식사를 끝내고 음식 값을 지불하고 나설 때, 그 비빔밥 집이 왜 유명한지 알 수 있었다. 그 정도의 음식이면 다른 가게에서는 만 원을 받을 법한데 그곳에서는 6,000원을 받았다. 가격Price 역시 만족스러웠다.

이렇게 PSIQ를 만족하는 가게이니 30분씩 줄을 설 정도로 잘될 수밖에 없다는 생각이 들었다.

LG전자는 그룹 차원의 '고객을 위한 가치 창조'라는 이념을 가지고 있다. 고객에게 유익하고 의미 있는 가치를 창출하는 창조적인 경영을 하자는 뜻이다. 이 경영이념을 구현하기 위해 상품기획, 연구 개발, 제품 생산, 마케팅, 고객서비스 활동, 홍보 및 기업공개IR, 그리고 사회 공헌 활동에 이르기까지 경영 활동의 모든 영역에서 고객 지향적인 활동을 펼쳤다.

특히 상품기획의 중요성을 인식하여 "옛 노래는 돈을 주고 사지만, 흘러간 제품은 사지 않는다. 상품기획 단계에서부터 고객의 니즈를 철저하게 파악해야 한다"고 강조했다. 이에 따라 상품기획 단계에서 설계, 디자인, 영업, 마케팅 부서의 직원들로 팀을 구성한 후, 고객 평가단의 'Yes/No 시스템'에 따라 제품을 생산했다. Yes/No 시스템은 스펜서 존슨의 《선택 'Yes' or 'No'》에 나온 선택의 방법이다. 이 방법을 통해 고객 평가단이 제품 생산 과정에서 한 부문이라도 'No'라는 의견을 낼 경우 제품 개발을 하지 않기로 했다.

한전 사장으로 부임해서도 고객중심의 가치 창출을 위한 노력을 업무 전반의 혁신 활동과 연계하여 중점적으로 실시했다. 한전의 상품인 전기는 대한민국 국민 모두가 사용하는 보편적 재화이다. 5,000만 국민이 모두 한전의 고객인 셈이다. 따라서 정전 없는 최고 품질의 전기를 제공하고, 빠르고 정확한 서비스를 통해 고객 불편을 최소화하는 일, 지속적인 원가절감을 통해 요금 인상 요인을 최소화하는 것, 3가지를 고객중심 경영의 목표로 설정했다. 이러한 관점에서 전기공급 약관을 고객중심으로 대폭 개정했으며, 인터넷 전기 신청을 확대하고 모바일 요금납부를 도입하여 내방 고객의 불편을 최소화하고 있다. 이와 함께 세계에서 가장 낮은 수준의 정전 시간을 달성하여 품질 높은 전기를 가장 저렴한 수준의 요금으로 고객에게 제공하고 있다. 이밖에도 기초수급자, 장애인, 국가유공자를 대상으로 복지 할인, 3자녀 이상의 가구에 20% 요금할인제 등을 도입하여 저소득층의 에너지 복지 확보에도 만전을 기하고 있다. 2010년, 한전이 11년 연속 공기업 고객만족도 최고 등급 AA를 받을 수 있었던 것도 바로 '고객중심'을 최우선 과제로 삼았기 때문이다.

이처럼 나는 기업이 하는 일은 철저히 '고객'이 출발점이자 목적지가 되어야 한다고 본다. 고객이 곧 기업 생존의 기반이며, 지속적인 성장의 원동력이기 때문이다.

혁신의 완성은 고객만족이다

나는 출장 중에도 항상 시장의 흐름을 파악하라고 임직원들에게 부탁한다. 이것은 현지 고객의 니즈와 라이프스타일을 읽으라는 의미다. 특히 연구원에게 R&D와 마케팅은 동전의 앞뒷면과 같다고, 같은 맥락에서 강조한다. 이렇게 고객을 이해함으로써 고객을 위한 가치 창조가 가능해지기 때문이다.

하지만 고객을 위한다는 것, 고객을 위한 가치를 창조한다는 것은 마음처럼 쉽지 않다. 가장 큰 이유는 내 생각이 고객의 생각과 같을 것이라고 미리 예단하는 데 있다. 말하자면 '자기중심적 사고'로 고객을 이해하려고 하기 때문에 진정으로 고객에게 유익한 가치를 만들지 못하는 것이다.

한 가지 유념해야 할 것은 고객이란 반드시 외부의 고객만을 의미하는 것이 아니라는 점이다. 내부의 고객도 중요한 고객이다. 외부의 고객을 만족시키는 것은 결국 내부의 우리 구성원들이므로, 내부의 고객에게 소홀히 하면서 외부의 고객을 만족시키기란 불가능하다. 그런 관점에서 보면 나를 제외한 모두가 나의 고객이라고 할 수 있다. 일반 소비자는 물론 협력회사, 이해관계자, 내부 임직원 모두가 고객인 것이다.

세계 최고 수준의 경영컨설팅 회사인 베인앤컴퍼니의 대표 프레드 라이켈트 Fred Reichheld는 《1등 기업의 법칙 The Ultimate Question》이란 책에서 기업의 이익에는 '좋은 이익 Good Profit'과 '나쁜 이익 Bad Profit'이 있다고 하며, 고객관계를 해치는 것이 나쁜 이익이고, 고객이 진정으로 만족하면서 이 기업을 주위 사람들에게 적극적으로 추천하는 것이 좋은 이익이라고 말했다. 당연히 그는 나쁜 이익을 지양하고 좋은 이익을 구현해야 한다고 주장한다. 그는 특정 제품을 주위 친구나 친지들에게 추천하는 고객 수와 그렇지 않은 고객 수의 차이를 나타낸 '순추천 고객지수 NPS: Net Promoter Score'를 소개하고 있다. 주위 친구나 친지들에게 특정 회사의 제품을 추천한다는 것은 그만큼 자기희생 sacrifice이 뒤따르기 때문에 이러한 우량고객을 많이 확보하는 활동이 기업에게는 중요하다고 말했다. 기업의 장기적인 성장을 위해서는 NPS 지수를 확인하고 지속적인 개선 방안을 찾아야 한다고 강조한다. 따라서 구전 마케팅이 매우 중요함을 알 수 있다.

이를 위해 기업은 목표고객을 위한 가치 제안을 설계하고, 설계한 가치 제안을 임직원에게 완벽하게 전달해야 하며, 이를 반복적으로 수행하기 위한 내부 역량을 개발해 고객 경험을 발전시키고 혁신시켜야 한다고 라이켈트는 말한다. 이와 더불어 서비스를 강화하기 위한 소규모 팀 운영, 고객 커뮤니티 구성, 직원교육에 대한 투자 등 장기적 이익을 위한 구체적인 방법도 함께 제시하고 있다. 이처럼 1등 기업이 되기 위한 법칙의 핵심 또한 '고객중심'이다.

위대한 업적을 남긴 사람들의 공통점 가운데 하나는 무엇인가에 '미쳤다'는 것이다. 미쳤다는 말은 '어느 수준에 도달하다'는 뜻으로 무엇인가에 몰입하고 집중해 어떤 정점에 이르렀다는 것을 의미한다. 고객을 최우선으로 하는 기업은 고객에 미쳐야 한다. 말하자면 '고객 마니아'가 되어야 한다. 아무리 혁신에 성공해 높은 매출이익을 달성한 기업이라도 고객의 만족도를 충족시키지 못하면, 결국 실패할 것이 분명하다. 따라서 혁신의 완성은 고객 만족으로 완성된다는 점을 명심해야 한다. 실로 고객은 경영의 출발점이자 종착점이다.

02

발로 뛰는 마케터가 되라

CMO가 된 CEO

"내가 최고마케팅책임자를 맡겠습니다."

2006년 2월 경주 호텔에서 열린 'GMM Global Managers Melt-in (글로벌 경영인 워크숍) 2006' 자리에서 내가 한 말이다. 이 워크숍에는 국내외 전 임원과 해외법인 대표 등 360여 명이 참석했다.

이날 나는 경영 화두로 '이기는 LG'를 제시했다.

"이기는 LG전자를 만들기 위해 공격적인 경영을 펼치겠습니다. 블루오션 경영이 성공하려면 조직 전체가 고객을 최우선으로 생각하는 문화가 바탕이 돼야 합니다. 내가 마케팅 총책임자 역할을 맡아 전사적인 차원에서 마케팅 역량을 강화하겠습니다. 상품기획에서부터 고객서비스에 이르기까지 전 시스템을 고객 관점에서 재정비해 고객을 감동시킬 수 있도록 노력해주십시오."

당시 회사는 2006년 국내 매출 목표를 24조 원으로 잡는 대신 해외 매출 목표는 39조 원으로 잡았다. 이를 위해 디지털TV, 휴대폰, 디지털 가전제품의 프리미엄 제품 판매 확대 전략을 세웠다.

이러한 목표를 달성하기 위해 나는 기꺼이 발로 뛰는 최고마케팅책임자CMO: Chief Marketing Officer가 되기를 자처했다. CMO 업무는 특별히 CEO 직속의 '브랜드 매니지먼트 팀'이 담당하여 브랜드 관리, 마케팅 현안 해결, 마케팅 예산 기획 등을 하도록 했다. 이 팀에서 CEO와 국외 현지 마케팅책임자의 정기적인 만남인 '글로벌 카운실'이란 기구를 만들었다. 이 기구를 통해 CEO가 분기별로 북미, 유럽, 중국, 남미 등의 LG전자 주요 시장을 방문하여 해당 지역 총괄사장, 현지법인장과 마케팅책임자 회의를 하도록 했다. 이 회의에서 현지 시장과 고객 트렌드, 제품 출시 동향 등의 정보를 나누는 것은 물론 가격 전략과 마케팅 예산을 배분하는 마케팅 전략을 결정하게 했다. 이 회의에는 본사 기술총책임자CTO와 재무책임자CFO를 비롯해 각 사업본부장이 참가해 전사적으로 마케팅에 총력을 기울이게 했다.

이와 함께 해외 거래처 사장단을 초청해 '2006년 LG 글로벌 패밀리 페스티벌' 행사를 개최했다. 3박 4일간의 일정으로 미국, 유럽, 중동 등 전 세계 40여 개국의 해외 주요 거래처 사장단 80여 명을 부부 동반으로 초청했다. 글로벌 시장의 외국계 거래선들을 한자리에서 만나 그들의 의견을 수렴하는 것은 물론, 이들에게 사업 비전을 설명하고 국내 주요 사업장과 연구소를 둘러보게 했다.

이 행사를 통해 해외 딜러들에게 회사의 프리미엄 제품과 브랜드 이미지를 자세히 홍보했다. 이러한 활동과 함께 고부가가치 제품의 판매를 늘려 수익을 향상시킬 것이라는 계획을 밝혔다. 해외 매출 확대를 위해서는 반드시 해외 거래처와의 파트너십을 공고히 해야 했다.

초콜릿폰 글로벌 현장 마케팅

이를 발판으로 본격적인 글로벌 현장 마케팅이 전개되었다. 중국, 중동, 유럽, 미주, 브라질 등 해외 현지법인을 순회하며 해외 지역별 마케팅 전략회의를 주재하면서 해외 소비자의 동향을 파악했다. 또한 해외에서 열리는 초콜릿폰 론칭launching(신제품을 처음으로 해당 시장에 판매하는 것) 행사에는 빠지지 않고 직접 참석했다. 당시 브라질의 반응이 몹시 뜨거웠다. 브라질 상파울루에서 초콜릿폰 론칭 행사를 마친 후의 내 소감을 적은 글을 소개할까 한다. '브라질의 감동을 다시 한 번'이라는 글인데 내 홈페이지에 적었던 것이다.

2년 만에 브라질을 방문했는데 브라질 경제도 많이 발전했고 우리 LG 브랜드도 괄목할 만큼 성장했음을 느낄 수 있었다. 양문형 냉장고나 드럼세탁기 등 많은 제품들이 프리미엄 제품으로 인식돼 있고, 디스플레이나 모바일폰, 에어컨 등도 곧 명실상부한 최고의 자리에 올라설 것으로 기대된다. 브라질 각지에서 모인 딜러와 에이전트들과의 만남은 고무적이었다. LG전자의 CEO라는 이유로 극진한 환대를 받았고, "LG 없으면 사업 못 한다"는 말까지 들었다.

LG전자가 브라질에서 이만큼 성장할 수 있었던 것은 현지에 파견된 우리 직원들과 현지 직원들의 노고가 그만큼 컸기 때문이다. 브라질 시장에서 이룬 '성공 신화'는 글로벌 시장 곳곳에서 잇따라 재현되었다.

영국에서는 리조트에 자리를 잡고 20명의 유럽 법인장과 행군 간담회를 했다. 억수같이 비가 쏟아졌지만 한 명 한 명씩 해당 시장의 상황을 이야기하면서 걸었다. 그때 잠깐 쉬려고 벤치에 앉아 있는데 큰 개 두 마리가 내 앞으로 와 나를 빤히 쳐다봤다. 주위에서 "개도 보스를 알아보네" 하는 말이 나왔다. 머나먼 외국에서 우연히 만난 개 두 마리가 나를 유심히 바라보는 것을 보니 흐뭇했다. '영국 시장에서도 뭔가 잘될 것 같구나' 하는 예감이 들었다.

그날 만찬에서 나는 강력하게 호소했다.

"우리가 살길은 오로지 초콜릿폰뿐이다."

이후 초콜릿폰이 론칭되자 법인장, 지역 총괄본부장은 이메일로 매일 판매 상황을 보고했다. 잘하는 직원에게는 칭찬으로 독려하고, 못하는 법인장에게는 문제 원인을 분석하고 대책을 세워주었다.

해외에 출시된 초콜릿폰은 출시 4주 만에 55만 대가 판매되었다. 계속해서 해외 곳곳에서 날개 돋친 듯이 팔리더니 전 세계 시장에서 2,000만여 대가 판매되는 베스트셀러 폰의 자리에 올랐다. 영국, 중국, 러시아, 멕시코 등 초콜릿폰이 출시된 시장의 반응은 가히 폭발적이었다. 영국의 경우 초콜릿폰은 출시 때부터 판매 1위를 하면서 기하급수적으로 판매량이 증가했다. 초콜릿폰은 오픈마켓Open Market(이

동통신사에게 제공되어 간접적으로 팔리지 않고, 직접 소비자에게 제조자 브랜드로 팔리는 휴대폰 시장)에서 브랜드 인지도를 높이는 데 큰 기여를 했다. 그렇게 샤인폰, 프라다폰이 연달아 성공을 거둘 수 있는 발판을 마련했다.

초콜릿폰이 EU 시장에서 관심의 대상이 되는 것을 보면서 우리에게 무한한 가능성이 있음을 다시금 느꼈다. 우리가 좀 더 적극적으로 시장을 개척하고 전략적인 마케팅을 전개하면 가능성은 곧 현실이 될 것이라는 확신이 들었다.

'시장의 벽'은 우리가 하기에 따라서 얼마든지 허물 수 있다고 생각했다. 높아만 보이던 북미 CDMA 시장에서도 거뜬하게 1등을 했고, EU 시장에서도 수많은 1등 상품을 만들어냈다.

고객에게 한발 더 다가서라

초콜릿폰이 해외 출시 시작부터 폭발적으로 인기를 끌며, 대형 히트상품이 될 수 있었던 요인은 무엇일까? 가장 중요한 것은 제품 개발 단계에서부터 고객의 니즈를 철저하게 파악해 편리한 기능과 감성 디자인에 주력했고, 고객이 원하는 제품을 적기에 출시했기 때문이다. 거기에 덧붙여 고객에게 한발 더 다가가는 마케팅 활동 또한 매우 중요했다. CEO가 직접 해당 해외 시장의 대리점 사장을 만나서 애로사항을 들어주고 약속을 하면 그 대리점 사장은 무한한 신뢰를 갖게 된다. 이렇게 CEO가 발로 뛰는 최고마케팅책임자 역할을 함으로써 철저한 해외 시장조사와 소비자의 기호 파악에 근거한 체계적인 마케팅이 가능했다고 생각한다.

CEO는 전략기획, R&D, 품질관리, 생산, 출하, 마케팅 전 프로세스를 알아야 한다. 특히 R&D를 등한시하면 안 된다. R&D는 비즈니스의 시발점이기 때문이다. 미국의 어느 교수가 연구한 바에 따르면 일류 회사들은 엔지니어를 우대하고 R&D에 자원을 집중한 경우가 많다고 한다. 반대로 엔지니어를 무시하고 R&D를 등한시한 경우는 망한 경우가 많다고 분석했다. 그 교수의 말이 아직도 가슴에 와 닿는다.

CEO는 다음과 같은 마케팅의 3요소를 명심해야 한다.

첫째, 내놓은 상품이 완벽해야 한다. 비즈니스의 세계는 전쟁터나 다름없다. 이 전쟁터에서 적과 싸워 이기려면 무엇보다 '총알'이 좋아야 한다. 아무리 잘 훈련받은 정예 군인들이 전장을 누벼도 총알이 부실하면 아무짝에도 소용없다. 고객이 원하지 않는 상품은 아무리 마케팅으로 포장해서 팔아도 장기적으로는 고객에게 외면을 받을 것이다.

둘째, 소비자가 필요한 기능, 디자인을 갖추어야 한다. 이제는 소비자의 시대다. 소비자의 입맛에 따라 시장이 좌지우지되고 그에 따라 수많이 상품들이 태어나고 사라진다. 시장에서 오래 살아남으려면 방법은 하나다. 정확히 시장을 읽어 고객의 니즈를 상품에 녹여내야 한다.

셋째, 고객이 원하는 가치를 제공하는 고객만족 경영을 실천해야 한다. 최종적으로 소비자가 제품에 매료될 수 있어야 한다. 시장에는 비슷비슷한 기능과 디자인의 제품이 넘쳐난다. 그 가운데에서 소비자에게 선택되는 단 하나의 제품이 되어야 한다.

이 3가지에 관심을 두고 깊이 숙고해야만 성공한다. 마케팅을 모르고 R&D를 하면 실패하므로 고객 니즈가 반영된 R&D를 해야 성공한다. '잘 만들어놨으니 잘 팔아봐라'는 식은 곤란하다. 그런 점에서 CEO는 미래 예측을 잘해야 한다. 마케팅을 깊이 들여다보면 내후년에는 어떤 상품이 히트할지 알 수 있다. 단기 마케팅을 지양하고 멀리 보는 마케팅을 해야 한다.

나는 "CEO는 현장 경영을 70% 해야 한다"고 주장하는데, 이 현장에는 마케팅도 포함된다. 따라서 CEO는 공장 구석구석을 다 알아야 하는 것처럼 마케팅의 요모조모도 다 살펴야 한다.

03

디자인으로 승부하라

디자인이 세계 1등 제품을 만든다

"디자인은 경영의 핵심 자원으로, 블루오션을 창출하는 데 없어서는 안 될 요소이며, 기업의 수익성과 브랜드 가치를 높이는 대단히 중요한 마케팅 요소입니다."

2006년 6월 15일, LG전자에서 개최한 '디자인 경영 선포식'에서 한 말이다. 나는 그날 노란색 재킷과 하얀색 바지를 입고, 머리에 무스를 잔뜩 발라 하늘로 치솟는 파격적인 헤어스타일로 행사장에 나갔다. 행사 시작에 앞서 열린 패션쇼에서 직원들과 함께 패션모델로 등장했다. 디자인의 중요성을 보여주기 위해 몸소 실천한 것이다. 그날 '감동과 신화를 디자인한다'는 목표를 위해 '4대 디자인 핵심 역량'을 선정했다.

디자인 선포식

4대 디자인 핵심 역량

① 콘셉트Concept

② 스타일Style

③ 사용성Interface

④ 마무리Finishing

이와 같은 핵심 역량을 바탕으로 회사는 '1등 디자인'을 위해 주력하기로 했다. 과거에는 제품을 개발한 뒤에 디자인을 입혔지만 이제는 반대의 프로세스로 진행하기로 했다. 초콜릿폰, 벽걸이형 프로젝터, 와이드 노트북, MP3 플레이어 등 히트상품은 디자인을 먼저 개발한 뒤 그 디자인에 맞춰 제품을 개발했다. 한마디로 '선 디자인 후 제품 개발'인 셈이다. 이를 통해 고객이 한눈에 반하는 디자인 제품을 만들어 회사 발전의 견인차를 삼기로 했다.

그래서 100여 명의 디자이너들을 충원하는 것은 물론 우수 디자이너에게 파격적인 대우를 해주는 '슈퍼 디자이너 제도'를 도입했다. 디자이너들은 반드시 고객의 니즈를 조사해 디자인해야 할 뿐만 아니라, 기존처럼 '안 되면 말고'라는 식의 디자인이 아닌 치열하게 서로 경쟁하면서 디자인할 수 있는 수평적이고 유연한 조직 체제로 만들었다. 또한 전체 인력과 연구개발 투자 규모에 비해 3배가량 많을 정도로 디자이너에 대한 투자를 아끼지 않았다.

외국 현지에 디자인 연구소를 구축하는 일도 소홀히 하지 않았다. 지난 1993년 미국 뉴저지에 디자인 연구소를 세운 것을 시작으로 도쿄, 베이징, 뉴델리, 밀라노 등에 디자인 연구소를 설립해 현지 밀착형 디자인을 개발하도록 했다.

당시 휴대폰 제품이 전체 영업이익의 40% 이상을 점유할 정도로 전략적으로 중요한 제품군이었다. 이때 혁신적인 디자인을 휴대폰에 접목한다면 충분히 승산이 있다는 판단이 들어 전폭적인 투자를 했다. 그 결과 블랙라벨 시리즈인 초콜릿폰, 샤인폰, 시크릿폰, 프라다폰 같은 대형 히트작이 세상에 나올 수 있었다.

사실 휴대폰의 디자인 혁신 프로젝트는 2004년에 시작되었다. 그해 봄에 이미 '블랙라벨' 시리즈를 출시하기로 결정하고 비밀리에 추진했다. 휴대폰 단말 연구소는 1년에 하나씩 파격적인 디자인의 제품을 만들기로 하고, 예산과 제품 콘셉트에 대한 중간 보고를 전혀 하지 않는 등의 전폭적인 지원을 받았다. 이렇게 해서 기존의 휴대폰과 다른 감성적인 디자인의 '터치' 방식 휴대폰을 출시해 소비자에게 커다란 반향을 일으켰다.

디자인 경영의 성과

벽걸이형 프로젝터도 빼놓을 수 없다. 이 제품은 세계 최초 'L타입' 렌즈 개발로 두께 92.2㎜의 초슬림 디자인을 구현한 벽걸이 형태의 프리미엄 제품이다. 당시 북미와 유럽 시장의 반응이 매우 좋았다. 미국에서 월 250만 부 이상 발행하는 〈맥심MAXIM〉 4월호에서 '이달의 제품'으로 선정할 정도였다. 이와 함께 프랑스의 일간지 〈르몽드Le Monde〉를 비롯한 주요 잡지에 혁신적인 디자인의 제품으로 소개되었다. 벽걸이 프로젝터는 2006 CES '혁신 상'을 비롯해 레드 닷Red Dot 디자인 '베스트 오브 베스트', iF 디자인International forum Design '황금 상Gold Award' 등 세계적인 권위의 디자인 어워드에서 전자통신 분야 최고의 디자인 제품으로 선정되었다.

2006년은 '세계 3대 디자인 상'을 휩쓸며, 디자인에 집중 투자해온 결실을 맺은 해였다. '세계 3대 디자인 상'이란 레드 닷 디자인협회가 시상하는 '레드 닷 디자인 상'과 독일 'iF 디자인 상', 미국 산업디자이너협회IDSA의 'IDEA 디자인 상'을 말한다. 이 상들은 전 세계 산업디자인 부문에서 가장 권위 있는 상이라 할 수 있다.

이 가운데 '레드 닷 최고 디자인 상'의 경우 매년 한 기업에게만 주는 최고 권위의 상이다. 월드컵 축구의 우승컵처럼 수상 기업이 트로피를 1년간 보관한 뒤 다음 해에 반납하는 것으로도 유명하다. 이 상을 받은 기업은 벤츠, 아우디, 소니, 아디다스 등 글로벌 기업 16곳에 불과하다. 우리나라에서 이 상을 받은 것은 LG전자가 최초였다. 피터 제크Peter Zec 레드 닷 디자인협회 회장은 수상 이유에 대해 이렇게 설명했다.

"복사 제품이 난무하는 시대에 LG전자는 벽걸이형 프로젝터, 터치 패드 방식의 휴대폰, 조약돌 모양의 MP3 등 다른 기업들이 미처 생각하지 못한 창의성을 제품에 담아냈기 때문입니다."

디자인이 진정한 경쟁력이다

여러 해 전에 미국의 시사주간지 〈타임〉은 '디자인의 새로운 탄생'을 커버스토리로 다룬 적이 있다. 이제는 더 이상 상품의 기능이나 서비스만으로는 차별화된 경쟁력을 가지기 어려워졌다. 디지털 정보기술의 혁신적인 발전으로 기업들이 저마다 만들어놓은 제품의 품질이 대동소이하기 때문이다. 이런 상황에서 디자인은 선택의 문제가 아니라 생존의 문제로 자리 잡았다.

요즘 디자인은 연구 개발, 생산, 마케팅 등으로 이루어지는 비즈니스 퍼즐puzzle을 완성하는 요소로 인식되면서 더욱 그 중요성이 강조되고 있다. 실제로 디자인 산업은 건축, 예술, 패션, 영화, 레저, 음악, 미디어, 소프트웨어, 출판 등에서 핵심 요소로 자리 잡고 있다.

영국의 경우 국가 차원에서 디자인 산업을 정책적으로 육성하고 있는데, 그 규모는 수십 조에 이르고 있다. 또한 IDEO의 CEO인 빌 모그리지Bill Moggridge나 애플의 디자인최고책임자CDO인 조나단 아이브Jonathan Ive 등 영향력 있는 디자인 경영자를 배출하며 세계 디자인계를 주도하고 있다. 거기에 더해 외국 기업의 디자인 연구소를 유치하기 위해 다양한 지원을 하고 있다.

디자인 하면 빼놓을 수 없는 나라가 이탈리아다. 그곳에 가 보면 겉은 초라해 보일지 모르지만 일단 안으로 들어가면 두 눈이 휘둥그레진다. 디자인, 컬러, 실내장식 등 모든 게 번쩍거릴 정도다. 밀라노의 유명한 디자인센터를 방문할 기회가 있어서 그곳 디자이너에게 "이탈리아에서는 어떻게 디자인 교육을 합니까?"라고 물은 적이 있다. 그러자 그는 말했다.

"초등학교 때부터 박물관을 방문하면 스케치북을 준비해서 그림을 그리게 합니다."

이탈리아는 디자인이 하나의 문화이자 일상이며, 또 교육의 주요 부분으로 인식하여 육성한다는 말이었다. 우리나라는 초등학생이 박물관이나 고궁에 가면 스케치북 대신 노트에 감상문을 적게 한다. 이와 비교해보니 이탈리아의 디자인 교육 인프라는 시작부터 실로 큰 차이가 있다는 것을 알 수 있었다. 우리나라도 초등학교보다 유치원 때부터 디자인 교육을 체계적으로 실시하는 게 필요하다는 생각이 들었다.

디자인 강국이 되기 위한 노력

우리 모두가 염원하는 세계 일류 국가라는 목표도 결국 1등 제품을 만드는 디자인 선진국이 되어야 한 걸음 가까워질 수 있다. 디자인 경쟁력이 제품이나 기업, 나아가 국가의 경쟁력을 결정하는 주요 요인이 되었기 때문이다. 그 누구보다 남달리 '디자인 경영'에 앞장섰던 나는 전경련 산업디자인특별위원회의 위원장을 맡기도 했다. 당시 나는 국가적 차원에서 다음과 같은 디자인 정책을 펼쳐야 한다고 주장했다.

정부가 디자인의 중요성을 좀 더 깊이 인식하고, 지금보다도 높은 순위의 디자인 정책을 추진해야 한다. 현재 산업자원부(현 지식경제부), 문화관광부, 국토해양부, 행정안전부 등에서 각 부처별로 추진되고 있는 다양한 디자인 정책을 포괄적으로 추진하기 위해 통합된 디자인 발전기구(국가 디자인청)가 필요하다. 이와 함께 디자인 정책 관련 예산의 확대, 특허 중심의 디자인 지적재산권 확보 활성화, 중국 등 해외에서의 국내 지적재산권 보호 등이 이루어져야 한다.

또한 디자인의 발전 추세에 맞춰 디자인 산업의 분야별 영역과 관련 용어를 재정립해야 한다. 그리고 영세한 소규모 디자인 전문회사의 통합을 유도하고, 중견 디자인 회사 육성을 위해 디자인 종합전문회사 제도를 도입해야 한다.

뛰어난 감성과 디자인 능력을 갖고 있는 여성 디자이너의 활용도 확대해야 한다. 기업은 여성 인력의 활용을 투자로 생각하는 발상의 전환을 통해 우수한 여성 디자이너의 발탁에 힘써야 한다. 정부는 가족 친화적인 정책을 실시하고 노동시장의 남녀 고용차별 근절을 위해 노력함으로써 우수한 여성 인력의 활용도를 높이도록 측면 지원해야 한다.

이러한 노력을 통해 디자인 산업을 육성하는 것이 날로 치열해지는 국제 경쟁에서 살아남는 지름길이다. 우리나라는 탄탄한 제조업 기반을 갖추고 있고 정보화 기술도 세계 최고 수준이므로 무한한 잠재력을 가지고 있다. 디자인 산업을 효과적으로 육성한다면 머지않아 제품과 서비스가 융합된 새로운 유형의 상품을 공급하는 고부가가치 기업High Value Enterprise이 탄생할 수 있을 것이다. 이러한 새로운 산업 생태계가 조성되도록 디자인 산업 육성에 더욱 힘써야 한다.

디자인은 생활의 근본이고 삶의 질을 향상시키는 도구이다. 이처럼 중요한 디자인 분야에 국가적인 역량을 집중해서 우리나라가 세계적인 디자인 강국이 되어 세계적인 1등 제품을 많이 만드는 날이 오기를 기대해본다.

04

기술 혁신을 선도하라

기술 개발의 중요성

1980년대 초만 해도 LG전자는 기술력이 높은 회사라는 평판을 갖고 있지 못했다. 당시 골드스타GoldStar 브랜드 제품의 해외 수출판촉을 위해 미국, 유럽, 중동, 동남아 등을 한 달 일정으로 순회 방문한 적이 있다. 미국을 방문했을 때였다. 시카고에서 눈 덮힌 지평선을 경비행기로 1시간을 날아간 다음, 다시 택시로 1시간가량 이동한 후 A전자레인지 업체에 도착했다. 그런 뒤에도 1시간 이상 기다린 끝에 구매담당 관리자와 겨우 면담할 수 있었다. 하지만 골드스타 브랜드에서 왔다고 했더니 2분간 미팅으로 끝나는 수모를 받았다. 냉장고용 콤프레서를 판매하기 위해 시카고의 G사를 방문했을 때도 마찬가지였다. 별도의 상담도 하지 않고 기본적인 품질 데이터만 확인하더니 식사 시간이 되었으니 식사나 하고 가라고 했다. 그래서 아무 소득 없이 점심만 얻어먹고 오는 수밖에 없었다.

이로부터 15년 후 눈부시게 발전한 LG전자는 위의 두 기업과 일대일의 동등한 입장에서 전략적 협력관계를 맺게 되었다. 이 두 기업과의 고위임원 만찬 자리가 마련되었을 때, 과거에 내가 문전박대 당했던 이야기를 했다. 그러자 15년 전에 근무하던 사람은 현재 아무도 남아있지 않다는 대답이 돌아왔다. 그 말을 듣고 나니 그제야 속이 후련했다. 역시 비즈니스 세계에서는 기술력이 좋은 제품을 잘 만들어야 사람대접을 받을 수 있다는 사실을 뼈저리게 느낄 수 있었다.

차별화된 선행 기술을 개발하고, 세계 표준을 선도할 기술을 조기에 확보하도록 R&D에 투자와 지원을 강화하고 미래 사업을 지속적으로 발굴해 중·장기적인 성장엔진을 확보해 나가겠다.

2005년 신년사에서 나는 무엇보다 '기술 경영'을 강조했다. 이제 기술은 기업 경영의 부차적인 요소가 아니라 핵심 역량으로 자리 잡았다. 이에 따라 우수한 연구 개발 인력을 대폭 확충하는 것은 물론 세계 6개 국가에 휴대폰 연구개발센터를 설립함으로써 글로벌 연구센터를 구축했다. 이와 함께 국내에 흩어져 있는 휴대폰 사업부를 통합하여 시너지 효과가 나도록 했다.

실제로 나는 아무리 회사가 어려워도 연구 개발에 대한 지원은 줄이지 않았다. 창원공장 본부장 시절에도 노사분규로 경영에 큰 어려움을 겪었지만 R&D 자원은 줄이지 않았다. R&D를 줄여서 기술력이 뒤지면 아무리 자금을 퍼부어도 5년 내에 따라잡기 힘들다는 판단에 서였다. 그러나 기술이 있으면 돈이 뒷받침될 경우 1년이면 제품을 생산할 수 있다. 나는 창원공장의 최고책임자로서 주로 해외 마케팅과 R&D를 챙겼다.

기술을 중시하는 기업은 반드시 성공한다

기술혁신 기업으로 유명한 3M은 연간 11억 달러를 R&D에 투자하고 있다. 3M은 연구개발에 대한 금전적 투자뿐만 아니라 연구 개발을 장려하는 기업문화를 정착시켰다. 3M은 직원들이 근무 시간의 15%를 업무와 상관없는 관심 분야에 투자해 창의성을 계발할 수 있도록 배려하는 것으로 유명하다. 이를 바탕으로 최근 4년간 개발한 신제품으로 총매출의 25%를 달성한다는 것이다. 3M은 기술혁신이 아니면 기업의 존재 의미가 없다는 것을 몸으로 웅변해주고 있다.

애플 또한 기술혁신에서 빼놓을 수 없는 기업이다. 2010년 현재 애플의 아이폰은 전 세계 스마트폰 시장의 판도를 뒤바꿔놓고 있다. 아이폰 역시 기술혁신의 대표적인 산물이다. 애플은 혁신 제품의 기술개발에서 세계 최고 수준을 자랑하고 있지만 애플의 역사를 보면 혁신 제품이 반드시 성공을 보장했던 것은 아니다. 1976년, 개인용 PC 애플 1·2를 내놓았지만 타 기업과의 경쟁에서 밀리고 말았다. 이후 1983년 MS 윈도우즈 같은 GUIGraphic User Interface 운영체제를 채택한 최초의 PC '애플 리사'를 내놓았을 때, 기술력은 세계 최고 수준을 달렸지만 높은 가격 등으로 소비자로부터 외면을 받았다. 이런 악재 속에서도 애플의 스티브 잡스는 기술 개발을 바탕으로 한 혁신 제품을 내놓으려는 노력을 중단하지 않았다. 2000년에는 전 세계적으로 IT 버블이 찾아와 많은 기업들이 비용절감에 나섰지만, 스티브 잡스는 오히려 R&D 투자를 더 늘렸다. 결국 이런 집념의 결실이 아이팟, 아이폰, 아이패드의 대성공으로 돌아왔다.

한편 과거 세계 자동차 시장에서 절대적인 우위를 자랑하던 GM은 기술 개발을 등한시한 결과 어려움을 겪었다. 1960년대 이후 독일과 일본, 한국의 자동차들이 미국에 계속 수입되면서 그동안 독주하던 시장의 경쟁에서 밀리기 시작하자 GM은 경쟁자들보다 더 좋은 차를 개발하는 전략을 취한 것이 아니라 금융 자회사를 설립해 다른 곳에서 수익을 내려고 하거나, 스웨덴의 사브나 한국의 대우 같은 외국 기업들을 인수·합병하는 전략을 취했다. 결국 GM은 자신들이 자랑했던 기술적인 우위를 더 발전시킬 생각을 하지 못한 탓에 위기를 겪었다. GM의 예를 통해 우리는 기술 개발의 중요성을 다시 한 번 깨달을 수 있다.

LG전자는 그룹 차원의 기술 중시 경영철학에 따라 R&D에 전폭적인 지원을 아끼지 않았다. 그룹 회장은 "무한경쟁 시대에는 1등 제품만이 고객에게 인정받을 수 있다. 1등 제품의 핵심은 바로 R&D이며, R&D 인력은 글로벌 경쟁의 첨병이자 회사의 희망이다"라고 역설한 바 있다. 이에 따라 회사는 미래 사업 분야에 집중적으로 R&D 투자를 했다.

2002년부터 LG전자는 전 세계 가정용 에어컨 시장을 '휘센'이라는 브랜드로 석권하고 있다. 이러한 성과를 낼 수 있었던 것도 혁신적인 기술 개발의 힘이다. 회사는 1997년부터 시스템에어컨의 중요성을 인식하고 꾸준하게 연구 개발을 해왔다. 이렇게 해서 플라즈마 열교환기, 플라즈마 공기정화기 등 신기술을 확보하고 이를 제품에 상용화하는 데 성공했다.

2007년에는 세계 최초의 고해상도 DVD 플레이어 '슈퍼 블루 플레이어Super Blue Player'를 개발했다. 이 제품은 블루레이Blue-ray 규격과 HD-DVD 규격으로 양분되어 있는 두 개의 고해상도 DVD 포맷format을 한 개의 픽업pick-up으로 모두 재생할 수 있는 기능을 갖추었다. 이로써 고해상도 DVD 플레이어 시장을 선점할 수 있는 발판을 마련했다.

이러한 신기술 개발에 대한 노력의 결실은 당시 산업자원부 선정 '대한민국 10대 기술' 선정으로 이어졌다.

미래를 내다보는 기술 경영

IT 시장은 매일 새로운 제품이 시장에 나와 있을 정도로 빠르게 변해가고 있다. 이러한 상황에서 CEO에게 무엇보다 중요한 것은 '기술 경영'이다. 기술은 마케팅, 디자인보다도 더 우위를 점하고 있다. CEO는 지속적인 R&D 투자를 하는 것과 함께 시장 반응을 놓치지 말아야 한다. CEO는 조직 내에서 누구보다도 멀리 내다보는 안목이 있어야 한다. 마케팅의 실패는 단기간에 만회할 수 있지만, R&D의 실기는 경영에 미치는 영향이 클 뿐 아니라 장기적인 영향을 미친다. 기업 경영에 있어서 투자수익률ROI: Return On Investment(투자한 자본에 대한 수익률)이라는 개념이 있다. 시장에서 당장의 수익을 위해 수익률이 좋은 제품만을 판매하면 투자수익률이 좋아지고 단기적으로 수익이 많이 나와서 주주들에게 좋은 평가를 받을 수 있다. 그렇지만 신제품의 경우 당장의 수익을 내기 어려운 경우가 일반적이다. 그렇다고 투자를 하지 않는다면 미래의 히트상품은 나올 수 없다. 히트상품이 나오기까지는 당장 수익률이 나쁘더라도 미래를 내다보고 준비해야 지속 가능한 경영이 이루어진다.

연구 개발의 궁극적인 지향점은 고객만족에 있다. 소비자의 다양한 니즈를 분석하고 이를 바탕으로 기술을 개발해야 한다. 이와 함께 혁신적인 기술 개발을 바탕으로 기존 시장에서 탈피해 새로운 시장을 창출하는 데에도 전력을 기울여야 한다. 그래야 아이폰 같은 히트 제품을 내놓을 수 있다.

2006년 한국을 방문한 GE의 전 CEO 잭 웰치는 말했다.

"이제 단순히 새로운 제품을 빨리 내놓거나 효율성을 높이는 것이 중요한 시대는 지났다. 한국도 혁신을 통해 전체 경쟁력을 키워야 한다. 한국은 혁신적 제품을 가져와 새로운 기능을 더하고 비용 효율성을 높일 뿐 새로운 것을 발명한 사례가 많지 않다."

잭 웰치의 말을 자극제로 삼아야 한다. 세계 최고의 원천기술을 5개 이상 가지지 못하면 절대 1등 기업이 될 수 없다. 따라서 CEO는 5~10년 앞을 내다본 장기 로드맵에 따라 꾸준히 R&D에 투자해야 한다. 뿌리 깊은 나무는 바람에 흔들리지 않기 때문에 꽃이 좋고 열매도 많다는 말이 있다. 뿌리 깊은 기업은 어떤 기업일까? 지속적인 R&D를 통해 세계 최고의 원천기술을 보유한 기업이다. 성공하는 CEO는 '기술 경영'으로 1등 기업을 만든다.

05

'녹색기술'로
미래를 선점하라

한전의 차세대 성장 동력

지금까지 국민소득 2만 달러 시대를 견인한 주력산업이 반도체, 철강, IT가전, 조선, 자동차 등 5대 산업이었다면 앞으로 국민소득 3만 달러 시대를 이끌 주력산업은 원자력과 스마트그리드를 중심으로 한 전력 산업이 될 것입니다. 2009년이 원전 수출 원년이었다면 2010년에는 UAE 원전 사업을 본궤도에 올리고, 차세대 지능형 전력망인 스마트그리드를 통해 한국의 GE 같은 글로벌 컴퍼니로 도약하겠습니다.

2010년 초 한 언론사와 가졌던 인터뷰 내용이다. 전 세계적으로 저탄소 녹색성장의 시대가 찾아옴에 따라 한전은 원전과 스마트그리드를 양대 성장 동력으로 설정했다. 지구온난화로 인한 환경오염과 에너지 자원의 고갈 위기로 녹색성장은 우리의 생존을 결정하는 문제가 되었다. 현재 여러 선진국들은 저탄소 녹색성장을 범국가적 성장전략으로 설정하고 원자력과 녹색기술 분야에 막대한 예산과 제도적 지원을 아끼지 않고 있다. 미국은 30여 년 만에 신규 원자력발전소 건설을 재개하기로 결정했으며, 콜로라도 주 볼더 시에 스마트그리드 시범단지를 조성하는 등 에너지 분야를 새로운 국가적 성장 동력으로 육성하고 있다. 독일은 사하라 사막에 태양열발전소 건설을 추진하고 있으며, 중국 역시 100기 이상의 신규 원전 건설을 추진하는 동시에 풍부한 자원과 대체에너지 개발을 통한 다원 발전을 추진하고 있다. 이와 함께 세계적인 기업들 역시 원천기술 확보를 통해 글로벌 녹색시장의 주도권을 선점하기 위해 치열한 경쟁을 펼치고 있다.

한전은 이러한 세계적인 녹색성장의 추세에 발맞추어 저탄소 녹색기술 개발과 사업화에 총력을 기울이고 있다. 특히 해외 원전 수출, 녹색 전력기술 사업화, 기후변화 대응을 통한 저탄소 경영체제 구축 등을 중점적으로 추진하고 있다.

녹색성장을 위한 실천전략

한전은 저탄소 녹색성장을 선도해 현재 세계 10위권에서 5위권 전력회사로 도약한다는 목표를 세웠으며 이에 대한 다양한 실천전략을 실행하고 있다. 대표적으로 녹색성장 동력화가 가능한 '8대 녹색기술'을 선정했으며 앞으로 여기에 3조 원 정도를 투자해 세계적인 기술을 확보하기로 했다. 이로써 2020년이 되면 총매출 가운데 16.5%를 '8대 녹색전략 기술'로 달성하는 것을 목표로 정했다. '8대 녹색기술' 은 다음과 같다.

① 수출형 원전

우리나라 원자력의 역사는 30년밖에 안 된다. 1978년 최초의 원전 인 고리 1호기를 준공해 기초를 다졌고 이후 '원자력발전 기술자립계 획'을 마련해 영광 3, 4호기를 건설하면서 기술 자립을 이루었다. 1990년 대 후반부터는 원전 사업 관리, 설계, 핵연료 부품 및 기자재 공급 등 원전의 각 요소기술을 수출하며 원전 수출국으로 발돋움하고 있다. 이러한 꾸준한 관심과 투자의 결실로 2009년 UAE 원전 수주의 쾌거 를 이루어냈다. 한전은 이러한 성과를 바탕으로 2020년까지 10여 기 의 신규 원전을 수주하는 것을 목표로 하고 있다. 이를 위해 숙련된 원전 인력을 조기 양성하고, 각 수출 대상국에 대한 맞춤형 마케팅을 강화하는 한편 다양한 교육 프로그램 개발 등도 병행하여 국제무대에 서 '한국형 원전'의 브랜드 파워를 높일 계획이다.

② 스마트그리드 Smart Grid

최근 에너지 분야의 화두로 떠오른 스마트그리드는 전력망에 정보 기술을 접목해 전력공급자와 소비자가 쌍방향으로 실시간 정보를 교 환함으로써 에너지 효율을 최적화하는 차세대 전력망을 말한다. 스마 트그리드에는 소비자 전력소비 효율화, 전기차 충전 인프라, 실시간

전기요금제, 신재생에너지 생산 판매, 전력 품질 선택 등이 포함된다. 한전은 제주 스마트그리드 실증단지 사업에 주도적으로 참여하고 있다. 실증단지 구축 사업은 5개 분야, 12개 컨소시엄으로 구성되어 있으며 전력, 통신, 가전, 자동차, 정유 업계 등 총 167개 기업이 참여하고 있다. 한전은 실증단지를 통해 축적한 기술을 바탕으로 2015년에는 9,000여 억 원, 2020년에는 3조 5,000여 억 원의 매출을 스마트그리드 분야에서 거둔다는 전략을 수립했다.

③ 석탄가스화 복합발전 IGCC

석탄가스화 복합발전 기술은 석탄원료로부터 전기뿐 아니라 수소, 액화석유를 만들 수 있는 차세대 석탄발전 기술이다. 석탄연료 연소 시 발생되는 이산화탄소 배출을 사전에 억제할 수 있는 청정발전 기술이다.

④ 이산화탄소 포집 및 저장 CCS

이산화탄소 포집 및 저장은 발전소와 공장 등에서 배출한 이산화탄소를 대기 중으로 배출시키지 않고 영구적으로 보존하는 기술이다. 한전은 2010년 11월 이탈리아의 전력회사인 에넬 Enel과 CCS 분야 기술협력 의향서를 체결하는 등 CCS 기술 확보 및 사업화를 중점적으로 추진하고 있다.

⑤ 전기차 충전 인프라

친환경 전기자동차의 보급을 위해서는 전기자동차 충전을 위한 충전 인프라를 전국 곳곳에 갖추어야 한다. 한전은 서울 삼성동 한전 본사에 전기자동차 충전소를 신설했으며, 서울 본사와 대전 전력연구원 간 고속 전기차 실증 등을 통해 충전요금 결제, 운영시스템 등 충전 인프라 운영 노하우 및 비즈니스 모델을 개발할 계획이다.

⑥ 전기에너지 주택

전기에너지 주택은 냉·난방, 급탕, 취사를 포함해 가정에서 사용하는 모든 에너지를 전기로 충당하는 주택을 말한다. 이를 통해 에너지를 최대 50%까지 줄이고 유류 같은 화석연료 난방 시 발생될 수 있는 이산화탄소 발생을 줄일 수 있다.

⑦ 초고압 직류송전HVDC

초고압 직류송전은 발전소에서 발전되는 고압의 교류전력을 전력 변환기를 이용해 고압의 직류전력으로 변환시켜 송전한 후, 원하는 수전受電지역에서 다시 전력 변환기를 이용, 교류전력으로 변환시켜 공급하는 방식이다.

⑧ 초전도 기술

초전도 기술은 전기저항이 제로이므로 전력손실이 거의 없고 작은 규모로 대용량의 전기를 수송할 수 있는 첨단 기술이다.

이와 함께 한전은 8대 녹색기술을 통해 이산화탄소 배출권을 확보하는 탄소배출권CDM 사업도 추진하고 있다. 이는 이산화탄소 등 온실가스에 대한 국내외 배출 규제가 강화되고 있는 상황에 대처하기 위해서다. 현재 한전은 중국에 추진 중인 9개의 풍력발전 사업 등 17개 CDM 사업이 유엔 CDM 사업 항목에 공식 등록되어 연간 52만 톤의 탄소배출권을 확보했다. 앞으로 관련 사업을 더욱 확대하여 2020년까지 CDM 사업을 통해 연간 820만 톤의 온실가스 배출권을 확보할 계획이다.

마지막으로 녹색기술 개발과 관련한 지적재산권 확보 또한 빠질 수 없다. 한전은 '특허 팀'을 신설해 원천기술에 대한 지적재산권의 확보에 나섰다. 우리나라가 건국 이래 최대 규모의 해외 건설 프로젝트인 UAE 원전 사업을 수주하게 된 것은 꾸준한 연구 개발을 통해 창출된 기술을 지적재산으로 축적해온 결과이다. 지난 1978년 미국 기술에 의해 고리 원전 1호기를 건설한 이후 30여 년 만에 한국형 원전 APR1400이라는 지적재산권을 만들어 수출 상품으로 탄생시킨 것이다.

스마트 그린 시티

이러한 8대 기술이 한데 집약된 미래 도시의 모습이 바로 '스마트 그린 시티Smart Green City'이다. 한전의 8대 녹색기술을 통해 20~30년 후 현실이 될 스마트 그린 시티에서는 원자력, IGCC, CCS로 청정발전을 실현하고 스마트그리드를 통해 전력망의 효율이 극대화된다. 친환경 전기자동차가 거리를 달리고, 난방과 취사 등 모든 가정 내 에너

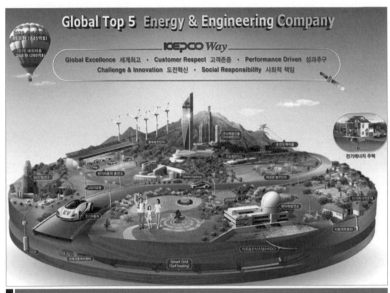

지를 전기로 사용하는 전기에너지 주택이 고객의 생활을 더욱 편리하고 윤택하게 만든다. 나는 한전 직원들에게 바로 여기에 한전의 미래가 있다고 역설한다. 국민소득 3만 달러 시대 대한민국의 미래도 바로 여기에 달려 있다고 하겠다.

한전은 '8대 녹색기술' 개발과 함께 녹색원천기술에 대한 지적재산권 확보에도 앞장설 것이다. 자원이 없는 우리나라가 살길은 녹색기술 개발과 녹색원천기술의 지적재산권 확보밖에 없다. 한전이 글로벌 녹색경쟁에서 승리한다면 2020년 국민소득 3만 달러 시대의 대한민국 국가경제를 견인하는 주역으로 우뚝 설 것이 분명하다.

06

투명하고 공정한
상생 경영을 하라

상생 경영이 제품 경쟁력을 높인다

A사: 경쟁입찰 방식으로 낮은 가격의 부품을 협력회사로부터 공급받았다. 이와 함께 일본 업체와의 가격경쟁으로 인해 협력회사들에게 지속적으로 부품가격 인하를 요구했다.

B사: 상생협력 프로그램 'Aligned Business Framework'를 운영하고 마쓰시타의 글로벌 소싱 모델을 벤치마킹했다. 이와 더불어 협력회사의 신차 개발 초기 단계부터 공동 참여하여 기술을 이전하고 인력을 지원했으며, 기술 개발비를 선지급해주었다.

세계적인 자동차 기업의 2가지 사례이다. 결과는 어떠했을까? 결과는 한 치의 오차도 없이 너무나 냉혹했다. A사는 수없는 리콜 사태를 맞아야 했다. 이에 반해 B사는 생산성 향상에 힘입어 매출액이 증대했고, 미국 자동차 메이커 빅3 중에서 유일하게 시장점유율을 높였다. 글로벌 경제위기가 두 회사의 갈림길이 된 것이다. A사는 101년의 역사를 뒤로하고 파산신청을 했지만, B사는 살아남아 속속 신형차를 내놓고 있다.

최근 매스컴에서 매일같이 상생 경영을 외치고 있는데, 위의 예만큼 상생 경영의 필요성을 절실하게 보여주는 예가 있을까? 이제 상생 경영은 회사의 이익을 극대화할 뿐만 아니라 위기 시에는 회사를 생존케 한다는 점을 잊지 말아야 한다.

LG전자 CEO 시절 늘 강조했던 것이 바로 상생 경영이다. '그레이트 파트너십 컨벤션Great Partnership Convention 2004'에서 나는 이렇게 말했다.

"협력회사가 최고의 경쟁력을 갖춰야 회사도 최고의 제품을 만들 수 있다."

이 자리에서 나는 '1등'을 위해 '1등 협력회사'가 중요하다고 강조했다. 부품을 만드는 협력회사의 경쟁력이 높아야만 회사 제품이 세계 1등이 될 수 있기 때문이다. 이제는 '따라오라, 이 길을'이 아니라 '함께 가자, 이 길을'이다. 이처럼 협력회사의 경쟁력이 곧 회사 경쟁력의 원천이라는 인식 하에 안정적인 생산물량 확보, 자금지원 확대 운영, 부품 국산화를 위한 기술 지원 등 상생 경영 협력 활동을 펼쳤다. 협력회사의 경영이 안정되기 위해서는 무엇보다 안정적인 생산물량을 확보해야 한다. 따라서 회사는 사업본부별 국내 생산계획을 공유하면서 국내와 해외 생산 비중의 균형을 유지했다. 또한 생산성과 품질 향상, 첨단 기술을 개발하는 협력회사와 해외로 진출하는 기업에게는 연리 4%에 20억 원 한도로 5년간 1,000억 원을 지원해주었다. 이와 함께 'LG 대 중소기업 협력 펀드'를 설립했다. 협력회사의 인재 확보도 적극 지원했다. 우수 협력사의 인재 채용 담당자에게 인재 확보 기술을 교육하는 것은 물론 대학 캠퍼스 채용 활동을 함께 펼쳤다. 여기에 협력회사에게 회사 교육시설의 문호를 개방해 전문기술 교육과 6시그마 교육 등을 지원했다.

이와 함께 협력회사 기술 지원을 통해 멕시코, 러시아 등 해외에도 진출했다. 또한 2002년부터 협력회사를 하나의 전산 네트워크로 묶는 'M2M Machine to Machine 통합' 프로젝트를 추진했다. 이를 통해 협력회사의 리드타임과 재고손실을 최소화할 수 있었다. 여기에 더해 현장 중견 관리자를 협력회사에 파견했다.

협력사와 함께하는 혁신 활동

이러한 대기업의 다양한 지원만으로 상생 경영이 끝나는 것일까? 절대 그렇지 않다. 대기업의 지원에 발맞추어 협력회사 또한 대기업의 경영혁신 성공 사례를 바탕으로 혁신 활동을 끊임없이 전개해야 한다. 협력회사의 대표가 먼저 직접 나서서 혁신적인 활동을 주도해야 한다. 나는 협력회사 대상의 강연을 통해 6시그마 혁신 경영 활동, 신제품 개발 프로세스 및 품질 혁신 방법, 선진화된 경영관리 시스템 등의 혁신 경영 사례를 전파했다.

그동안 회사는 협력회사와 손잡고 공동의 비전을 달성하기 위해 투자와 지원을 아끼지 않았다. 협력회사는 위험 감수 없이 독보적인 기술을 확보하기 어렵고, 시장에서 블루오션을 개척할 수도 없기 때문이다. IT 제품 가격이 하락하는 상황에서도 협력회사와 기술 교류를 확대하고 함께 혁신하면서 위기를 돌파했다. 또한 협력회사와 공동으로 부품을 표준화하고 기술 개발 등을 진행함으로써 원가경쟁력을 끌어올렸다. 그와 함께 협력회사와의 파트너십을 강화하기 위해 많은 노력을 기울였다.

"1차는 물론 2·3차 협력회사들의 경쟁력이 바로 한전의 경쟁력이다. 따라서 세계적인 전력회사로 발돋움하기 위해선 기술의 공동 개발부터 제품의 판로 개척까지 협력회사 지원에 적극 나서야 한다."

한전의 상생 경영

한전 사장으로 취임하자마자 강조했던 것도 '상생 경영'이다. 이러한 방침에 따라 한전은 '단계별 맞춤형 상생 협력'을 펼치고 있다. '협력 연구 개발→ 생산자금 지원 → 제품 구매 → 수출 지원'으로 이어지는 단계별 지원으로 실질적인 도움을 주고 있다.

한전은 2010년 3월에 인도네시아 자카르타 술탄Sultan호텔 회의장에서 인도네시아 각지에서 온 바이어들을 대상으로 중소기업 수출촉진회를 개최했다. 지난 2007년에 인도네시아 배전계통을 대상으로 한 배전자동화 시범사업을 성공적으로 마친 인연으로 좋은 관계를 유지하던 PLN(인도네시아 전력공사)의 적극적인 지원이 있었다. 이 행사는 한전 주관으로 인도네시아에서 처음으로 진행된 수출촉진회였다.

당시 수출촉진회를 마치고 난 후 나는 한 중소기업 업체로부터 다음과 같은 감사편지를 받았다.

"너무 놀랐습니다. 역시 한전이 주관하니 다릅니다. 그동안의 수출촉진회에서 만났던 것보다 5배 이상의 바이어들과 면담했습니다. 그중에서 조만간 수출로 이어질 것으로 기대되는 상담 건수도 많았습니다. 앞으로도 한전이 주관하는 수출촉진회는 꼭 참여할 예정입니다. 정말 감사합니다."

실제로 한전이 주관한 수출촉진회를 통해 약 2,500만 달러의 수출 상담이 이루어졌으며, 59개사의 현지 바이어가 발굴되는 등 풍족한 성과를 거두었다. 이번 인도네시아 수출촉진회의 성공을 바탕으로 이집트, 수단, 베트남 등 한전의 전력기자재의 주요 타깃 시장을 상대로 계속 수출촉진행사를 지원할 계획이다.

한전은 중소기업의 신기술 개발 등을 위해 1·2차 협력회사에 네트워크론, 공공구매론, 전자발주론 등 다양한 자금지원 방안을 마련해 2006년부터 2010년까지 총 6,149억 원을 지원했다.

네트워크론은 한전과의 납품실적이나 계약서를 근거로 마이너스 통장식으로 대출해주는 제도다. 공공구매론과 전자발주론은 생산자금 대출 후 납품대급으로 상환하는 제도이며, 기업은행과 공동으로 한전 납품계약서를 근거로 1차 및 2차 협력회사에 동시에 자금을 지원하는 제도다.

또한 중소업체에 구매금액의 최대 50%까지 선급금을 지원하는 등 중소기업의 자금난 해소를 위한 다양한 정책을 벌이고 있다. 여기에서 끝나는 게 아니다. 해외 판로 개척도 지원하고 있다. 한전 내 '기업 수출지원팀'을 신설하여 중소기업 수출에 앞장서고 있다. 이와 병행해 한전 본관 로비에 중소기업 기자재 홍보를 위한 전시관을 열었다. 한전 본사를 방문하는 해외 인사들에게 홍보하기 위해서인데 큰 효과가 나고 있다.

2010년 9월 27일 '중소기업 상생협력 전진대회'에서 한전은 중소기업과 상생협력 의지를 강화하기 위해 4대 실천강령 '4W'를 선포했다. 4W란 '최고의 기술력World Champion', '동반 성장Win-Win Partner', '수익 창출Worth Making', '새로운 도전Wonderful Challenger'이란 의미를 담고 있다. 이를 바탕으로 세계 유수 기업과 경쟁하는 우수 중소기업을 육성하여 국민소득 3만 달러 시대를 열기 위해 최선을 다하기로 했다.

상생 경영의 이점

사실 많은 기업인들이 필요성을 인식하면서도 쉽게 실행에 옮기지 못하는 게 상생 경영이다. 대기업이란 권위의식에 사로잡히거나, 단기적인 안목 때문에 현실적인 이익에 발목이 잡히기 때문이다. 많은 대기업들이 적극적으로 상생 경영에 동참하기를 바라는 마음에서 오랫동안 상생 경영을 해온 경험에 비추어 상생 경영의 3가지 이점을 언급하고 넘어가고자 한다.

첫째, 제품의 품질경쟁력이 확보된다. 항공기 한 대에는 10만여 개, 자동차에는 2만여 개, 디지털 TV에는 700여 개의 부품이 들어간다. 현재 어느 대기업도 이 많은 부품을 모두 자체적으로 만들지 않는다. 수많은 중소기업들이 이 부품의 상당수를 만들어 대기업에 조달한다. 따라서 대기업 입장에서도 부품을 조달하는 중소기업의 원천기술과 기술경쟁력이 중요할 수밖에 없다.

둘째, 중소기업의 구인난 해결에 도움이 된다. 우리나라 전체 고용의 87%가 중소기업에서 이루어지고 있다. 대기업 취업난이 심각한 데 비해 중소기업은 구인난에 시달리는 게 현실이다. 대기업은 중소기업에 대한 다각적인 지원과 교류를 통해 중소기업의 구인난을 해소하는 데 도움을 줄 수 있다.

셋째, 사회 양극화 해소에 도움이 된다. 중소기업을 대기업의 하청업체라는 인식에서 탈피해 동반 성장하기 위한 필수불가결한 동반자로 봐야 한다. 대기업의 성장이 곧 중소기업의 성장으로 직결되면 사회의 양극화 문제를 해소할 수 있다.

협력회사와 상생 경영을 실천하는 데 있어서 중요한 것은 물고기를 주지 말고 물고기를 잡는 방법을 알려줘야 한다는 점이다. 협력회사에게 일방통행식으로 베푸는 것은 상생 경영이 아니다. 당장의 경영 개선에 도움이 될지는 모르지만 기업의 근본적인 경쟁력이 높아지기는 어려우며 자발적인 혁신 노력 또한 기대하기 어렵다. 따라서 협력 회사에 품질과 기술, 원가절감 측면에서 도전을 요구하고, 그 결과에 따른 대가를 줘야 한다. 이렇게 해야 위기 상황에서는 모기업과 협력 회사가 살아남고, 호경기에는 둘 다 최대의 수익을 올릴 수 있다. 더불어 갑과 을의 종속 관계가 아닌 비즈니스 파트너로서 투명하고 공정한 관계를 유지하는 것 역시 필수적이다. 이것이 나의 상생 경영 철학이다.

07

사회에 공헌하라

기업 차원의 사회 공헌

이제는 개인의 차원이 아니라 기업 차원에서의 사회 공헌이 더욱 중요해졌다. 기업은 각별한 사명감과 책임감을 가지고 고객의 복지와 사회발전에 기여해야 한다. 기업은 사회 구성원 중에서도 가장 영향력이 큰 집단이므로 솔선수범해서 기업으로서의 책임을 다해야 한다. 그렇게 하는 것이 고객에 대한 최소한의 보답이자 '함께 살아가는 사회'를 만드는 초석이 된다. 사실 고객과 사회의 존재가 곧 기업 경영의 전제이자 밑거름이다.

기업이 해야 할 가장 우선적이고도 중요한 사회 공헌은 기업 활동 그 자체로 사회에 기여하는 것이라고 생각한다. 기업이 초우량 기업으로 성장하면 많은 이익을 거둠으로써 법인세 납부를 통해 국가경제에 기여할 수 있다. 많은 일자리를 만들어 고용 창출에도 기여하고, 회사 임직원들에게 더 많은 급여와 복지혜택을 제공해 직원들의 삶의 질을 높일 수 있다. 하지만 회사가 경영을 잘못해서 파산한다면 직원과 직원 가족에게 실직의 고통을 안겨줄 뿐 아니라 국가경제에도 악영향을 미치게 된다.

이런 점에서 기업은 일류 기업으로 발돋움해 더 많은 수익을 만들고 고용을 창출함으로써 사회에 많은 기여를 할 수 있어야 한다. 이것이 바로 사회 공헌이고 기업이 가장 먼저 생각해야 할 공익성이다. 이점은 민간기업은 물론, 공기업인 한전도 마찬가지이다. 처음 한전 사장으로 부임했을 때 한전은 공기업이므로 공익성을 우선해야 한다는 막연한 생각으로 어떤 경우든 공익성이 우선되어야 한다고 생각하는 직원들이 있었다.

한전이 추구해야 할 공익성

한전은 전력 회사로서 추구해야 할 공익성을 다음 3가지로 정리하고 이를 직원들과 공유하고 있다. 가장 먼저, 정전과 전압변동이 적은 양질의 전기를 공급하는 것이다. 다음으로, 국제 수준과 비교했을 때 적정수준의, 경쟁력 있는 전기요금 수준을 유지하는 것이다. 마지막으로 국가경제발전과 산업 활동에 지장이 없도록 전력설비를 적기에 구축하는 것이다. 이 3가지가 한전이 추구해야 할 공익성이며, 나머지는 일반 기업과 동일하게 본연의 기업 활동을 벌이면 된다.

본연의 임무인 기업 활동을 충실히 하면서 금전적 · 육체적 봉사 활동을 통한 사회 공헌 역시 게을리 해서는 안 된다. 금전적인 기부는 기업 자신이 주체가 되어 이윤의 일부를 사회에 환원하는 활동이다. 장학 사업, 메세나, 체육 진흥 등의 활동이 여기에 해당한다. 흔히 기부, 후원, 협찬 등의 방식으로 나타나는데, 근래 들어 '기업의 사회적 책임'이 강조되면서 양적으로 크게 증가하고 있다. 육체적인 봉사 활동은 임직원이 직접 참여하여 실천하는 봉사 활동으로 불우이웃 돕기 자원봉사, 소년소녀가장 후원 등의 활동을 말한다. 이러한 봉사 활동은 금전적인 측면이 아니라 육체적인 수고까지 아끼지 않는다는 점에서 커다란 의미가 있다.

예전에는 돈만 기부하는 것으로 사회 공헌 활동을 했다고 여기는 경우가 많았다. 하지만 이제는 돈도 기부하고, 직접 땀을 흘리며 자원봉사를 함으로써 사회에 공헌할 뿐 아니라 사원들이 단합하는 계기를 만들고 좋은 기업문화도 조성할 수 있어 일석삼조의 효과를 거둘 수 있다.

한전의 봉사 활동

이제는 봉사 활동에 대한 사회 전반의 인식과 관심이 크게 높아져 많은 사람들이 다양한 방법으로 동참하고 있다. 그러나 안타깝게도 그동안 우리에게는 다소 부족했던 분야라고 생각한다. 이제부터라도 기업은 봉사 활동에 적극적으로 동참해야 한다. 그 봉사 활동은 고객과 정서적으로 교감하는 측면의 장점도 있다.

한전에서도 사회 공헌 활동은 지속되고 있다. 2008년 글로벌 금융

위기로 대내외적인 경영 여건이 안 좋은 상황에서도 사회 공헌 활동에 대한 예산을 줄이지 않았으며, 전 임직원이 자발적으로 임금을 반납하며 국가적 경제위기 극복에 동참했다.

한전은 '세상에 빛을, 이웃에 사랑을'이라는 슬로건 아래 각 지역 사업소별로 269개의 'KEPCO 사회봉사단'을 만들어 소외된 이웃에게 봉사 활동을 실천하고 있다. 특히 'KEPCO 사회봉사단'은 한전만 할 수 있는, 전기 설비를 무상으로 점검하고 보수해주는 '프로보노Pro Bono' 활동을 펼치고 있다. 이를 통해 기초생활보호대상자, 생계곤란 유공자 가정, 차상위 계층, 공부방 등의 소외된 이웃에게 '에너지 복지'를 지원하고 있다.

2010년 10월에는 천재지변, 기상이변과 같은 재난 발생 시 신속하게 출동하여 체계적이고 실질적인 재난 구호 활동을 수행할 수 있도록 '119 재난구조단'을 창단했다. 사내 직원 공모를 통해 110명의 단원을 모집하고, 구조와 구급 활동의 전문성을 갖추기 위해 전문 외부기관 위탁교육과 응급처치, 심폐소생술 같은 실습교육을 실시했다. 이와 함께 구조 장비와 첨단 기기도 갖춰 정예의 구조단을 만들었다. 이렇게 만들어진 '119 재난구조단'은 2010년 11월 개최된 G20 서울 정상회의 시 응급 의료지원 활동을 통해 행사의 성공적인 개최를 지원했다.

이제 기업의 사회 공헌 활동은 기업 생존을 위한 필수불가결한 요소가 되었다. 기업은 단순한 경제적 지원에 그치지 않고 땀 흘리는 봉사 활동으로 직접적인 도움을 주고 기업의 전문 노하우도 베풀어야 한다. 이를 통해 사회 공헌 활동이 이웃에게 사랑을 전하는 일일 뿐만 아니라 자기 자신을 되돌아볼 수 있는 귀중한 시간이라는 점을 자각해야 한다.

WAY

GREAT C

혁신하고 또 혁신하라

혁신 활동은 끝이 없는 여정이다. 기업의 모든 구성원은 '한 번 1등'이 아니라 '영원한 1등'을 한다는 각오로 매진해야 경쟁에서 승리할 수 있다. 회사의 전 구성원과 공유된 '진정한 비전'은 전 직원의 가슴을 벅차게 하고 열정으로 춤추게 함으로써 위대한 기업이라는 목표를 달성하게 만든다.

OMPANY

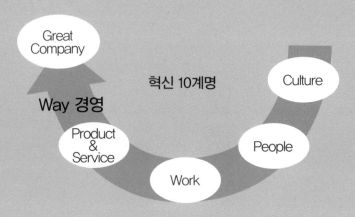

혁신 경영을 견인하는 5가지 요소
헝그리 정신으로 무장하라
비전으로 경영하라
혼이 담긴 기업의 길, Way 경영

01

혁신 경영을 견인하는
5가지 요소

토종 CEO의 혁신 경영

나는 40여 년 동안 LG전자와 한전에서 혁신 경영을 통해 많은 성공 사례를 만들었다고 자부한다. 주변에서는 흔히 나를 '토종'이라고 이 야기한다. 요즘 젊은 사람들처럼 외국 물깨나 먹은 화려한 스펙을 가 진 것이 아니라, 그룹 공채 평사원으로 입사해 지방의 창원공장에서 엔지니어로 경력을 쌓고 LG전자 CEO를 거쳐 국내 최대 공기업인 한 전 사장이라는 중책을 맡았기 때문일 것이다. 나의 이력서에는 그 흔 한 '○○대학원 최고위과정 수료'와 같은 수식어가 단 한 줄도 없다. 도저히 중간에 빠져나올 수 없는 일만 하고 다녔기 때문이다. 그동안 나는 회사 일 외에는 다른 곳에 눈을 돌릴 겨를이 없었다. 과분한 업 무를 맡아 포기하지 않고 끝까지 매달렸던 것이 오늘날의 나를 있게 해주었다고 생각한다. 이러한 경험에 비추어보면, 겉만 화려한 것보다는 앞만 보고 묵묵히 자기 일에 도전하는 것, 그리고 지고는 못 사는 도전적인 자세가 혁신 문화 창출과 기업 경영에 있어 훨씬 더 중요하다는 것을 알 수 있다. 이러한 도전적인 문화가 기업 전체에 형성되면 힘난한 장벽도 뚫고 나갈 수 있다. 1995년의 가전제품 가격파괴 바람이나 1997년의 IMF 체제와 같은 경영상의 위기가 닥쳐도 슬기롭게 헤쳐나갈 수 있는 강인한 힘이 생기는 것이다. 나에 대해 이야기할 때마다 흔히 TDR이나 6시그마 운동 같은 혁신 기법을 함께 거론하곤 한다. 그렇지만 TDR이나 6시그마는 이러한 도전적이고 강인한 혁신 문화의 바탕 위에서 성과를 극대화하기 위한 구체적인 혁신 방법론으로 유용한 역할을 할 수 있었다.

혁신 경영의 성공 요인

'혁신의 전도사'라 불리는 내가 그동안 혁신 경영을 해오는 동안 몸으로 부대끼며 느낀 혁신 경영의 성공 요인을 5가지로 정리해보았다. 이것은 단순한 이론이 아니라 현장 경영을 바탕으로 체득된 나의 40년 혁신 인생의 노하우다. 이것을 잘 숙지하고 실천해 제2, 제3의 혁신 전도사가 많이 생기길 바란다.

① 리더의 지속적이고 강력한 의지가 있어야 한다

리더가 나서서 진두지휘하지 않으면 혁신은 금세 시들해진다. 사람이란 본능적으로 변화를 싫어한다. 그러나 변화를 거부하는 조직은 패망한다는 것이 역사의 증언이다. 나는 변화에 적절하게 반응하거나 수동적으로 적응하려는 것을 혁신으로 보지 않는다. 진정한 혁신은 우리의 의식 구조를 포함해서 우리가 가진 기존의 것을 전면적이고 급격하게 변화시키는 것이다. 그런 의미에서 보면 리더의 지속적이고 강력한 혁신 의지야말로 가장 좋은 추진력이고 자극제다. 상황에 따라 우유부단하게 애초의 목표를 바꾸는 리더는 조직 구성원들에게 신뢰를 얻기 힘들다. 리더는 한 번 하겠다고 선언한 것은 배수의 진을 치고 반드시 이루어내겠다는 자세를 가져야 한다. 그래야 조직 구성원이 리더의 요청에 부응해 혁신의 열매를 맺는다.

② 리더는 솔선수범해야 한다

조직 구성원들은 조직의 리더가 솔선수범하지 않으면 혁신 활동에 대해서 신뢰하지 않는다. 그리고 부정적인 여론이 만들어진다. 그런 의미에서 경영자는 리더가 앞장서서 움직이도록 끊임없이 독려하고 격려해야 한다. 냉장고, 에어컨 같은 백색가전제품을 만드는 창원공장 본부장을 하다가 LG전자 CEO가 되어 휴대폰이나 TV를 만드는 공장에 처음 방문해 TDR 현장 미팅을 할 때의 일이다. 직원들은 '새로운 사업 영역이니 CEO가 잘 모르시겠지' 하는 생각에 모든 내용을 자세히 설명했다. 그러나 내가 과제의 깊은 이면에 대하여 얘기하는 것을 듣고는 놀라워했다. "부임하신 지 얼마 안 되었는데 어떻게 새로운 사업 영역을 저렇게 자세히 아시지?" "아마 오기 전에 공부를 많이 하셨나봐?" 여기저기서 수군거렸다. 한전 사장으로 와서도 마찬가지였다. 한전은 가전제품과는 사업 영역이 완전히 다르지만 "이런 TDR 과제를 해보라!"라고 말하면 직원들은 "우리 조직의 핵심 이슈를 어떻게 저렇게 잘 알지?" 하며 놀라워했다. 이렇게 되는 비결은 매우 간단하다. 나는 조직의 그 누구보다도 회사에 애착을 가지고 있으며, 문제를 해결하기 위한 고민을 많이 하기 때문이다. 이러한 리더의 모습을 봄으로써 과제를 수행하는 조직원은 리더가 저렇게 많이 아는데 '문제의 해결책을 더 깊이 고민해야 되겠구나!' 하는 마음가짐을 가질 수밖에 없는 것이다. 또한 "과제 해결이 어렵다. 이것은 안 된다"라는 불평불만도 할 수 없을 것이다.

③ 실행력을 갖춰야 한다

나는 늘 "실행하는 것이 힘이다"라는 말을 입에 달고 산다. '실행력'은 더 설명이 필요 없을 정도로 중요한 것이다. 한 가지 덧붙이자면, 실행하지 않는 것은 존재하지 않는 것보다 더 위험하다. 즉, 실행하지 않는 사람들은 그럴듯한 계획만 세워두고 마치 그 계획을 다 이룬 것처럼 착각한다. 실행하지도 않고 이미 다 한 것처럼 포만감에 젖는 사람들이 많아지면 조직은 빠른 속도로 병들어갈 것이다.

그렇다고 계획이나 전략을 수립하는 것이 중요하지 않다는 말은 아니다. 한마디로 실행은 성과를 전제로 하는 것이다. 계획이나 전략을 수립할 때 매우 신중하게 해야 한다. 실행하지 않을 전략을 세우는 곳이 어디 있겠는가? 첫 단추를 잘 끼워야 결과가 좋다. 충분한 조사를 거치고 관련된 사람들의 다양한 의견을 수렴해야 한다. 이렇게 최종적으로 회사의 방침이 정해지면 전 조직원은 한 방향으로 거기에 따라가야 한다. "나는 방침에 승복할 수 없다"며 부정적인 태도를 취해서는 안 된다. 전 조직원이 역량을 결집하여 앞에 놓인 장애물을 하나씩 해결해가면, 성공 확률이 훨씬 높아진다. 이것은 내가 실제로 경험한 것이다. '앞만 보고 우직하게 가는 인재가 중요하다'는 말은 옆에 사람이 하는 행동이나 경쟁사가 하는 활동에 관심을 두지 말라는 이야기가 아니다. 그렇다고 몸으로 때우라는 말은 더더욱 아니다. 한 번 결심이 서면 자원을 분산시키지 말고 강한 실행력으로 목표하는 것을 달성할 수 있도록 효율적으로 일해야 한다는 것이다.

④ 혁신 인재를 육성해야 한다

무슨 일을 하든지 결국 사람이 관건이다. 혁신도 마찬가지다. 현장 곳곳에서 혁신을 이끌어갈 인재들을 양성해야 조직의 실제적인 변화를 이끌어낼 수 있다. 그들이 말단 조직까지 변화를 일으키는 엔진 역할을 할 것이다.

어떤 조직이 변화하기 위해서 전 조직원의 100% 동의가 필요한 것은 아니다. 누구나 변화를 두려워하고 싫어하기 때문에 조직원의 100% 동의는 사실상 불가능하다. 그 구성원의 30% 정도가 변하면 이미 그 조직은 변화의 방향으로 흘러가고 있는 것이다. 왜냐하면 대부분의 조직원들은 그 뒤를 따라가는 팔로어Follower이기 때문이다. 따라서 몇몇의 혁신 인재가 단위 조직의 곳곳에 포진하여 그 단위 조직을 변화시켜 나가면 얼마 안 가서 조직 전체가 변하는 것을 느끼게 된다.

회사에서는 이러한 혁신 인재들이 제 역할을 다하면서 성장할 수 있도록 인사, 승진, 포상 등에서 우대해야 함은 물론이다.

⑤ 변화와 혁신을 즐기는 조직문화를 만들어야 한다

혁신이 하나의 거대한 프로젝트처럼 진행되다가 어떤 이유로 중단되면 그 폐해가 아주 크게 나타난다. 직원들의 마음속에 '그럼 그렇지' 하는 인식이 생기기 때문이다. 그렇게 되면 학습 효과가 생겨 다음에 어떠한 변화를 시도하더라도 '얼마간 저렇게 하다가 말 거야'라는 식의 사고방식이 만연하게 된다. 이런 상황에 처하면 그 조직은 점점 변화하기 힘들어진다. 사실 변화는 누구나 힘들어하기 때문에 그것을 일상 업무 속의 일로 인식시키려면 혁신을 즐기는 문화가 만들어지도록 제도를 정비하고 시스템을 구축하여 직원들을 다독여야 한다. 이렇게 해야 직원들이 문제의식을 갖고 창의력을 개발하며, 정보를 공유하고 잘 활용할 수 있는 학습조직이 활성화된다. 조직문화로 정착되었다는 것은 다음에는 저절로 굴러간다는 의미다. 문화란 전승이 되기 때문에 사람이 바뀌고 그 다음 신입사원이 들어와도 변함없이 혁신 활동이 이루어지는 효과를 가져온다.

'변화를 즐긴다'는 말에는 많은 의미가 내포되어 있다. 변화를 일으킨 직원에게는 포상을 하고, 변화를 하다가 실패한 직원에게는 격려를 하고, 이러한 변화에 직원을 동참시키기 위해 리더가 솔선수범을 하고, 마지막으로 이러한 것들이 시스템적으로 운영되도록 해야 한다는 것이다. 결국 혁신이란 전 조직원이 끊임없이 가야 할 기나긴 여정인 것이다.

02

헝그리 정신으로
무장하라

생존하기 위한 마음가짐

"세계 최고가 되려면 헝그리 정신으로 무장하고, 끊임없는 위기의 식을 가져야 한다. 나는 도요타와 GE를 존경한다. 왜냐하면 그들은 세계 최고이면서 여전히 헝그리 정신으로 무장돼 있기 때문이다. 영원한 1등이란 없다. 내가 GE의 잭 웰치 전 회장을 존경하는 이유 중 하나는 그의 헝그리 정신, 끊임없는 위기의식 때문이다. 위기의식은 창의력도 불러일으킨다. 벼랑에 섰을 때 기발한 생존법이 떠오르고, 악착같이 할 때 창의적인 아이디어가 나오는 것이다. 조직은 자만심에 취해 있을 때 망한다. 강한 리더십과 성과에 대한 압박감은 언제나 중요하다."

나는 항상 헝그리 정신에 입각한 위기의식을 강조해왔다. 그래서 매일 아침 5시에 기상해 밤 11시에 취침할 때까지 빽빽한 일정을 소화한다. 조금도 빈틈없이 업무를 추진해나가지만 여전히 24시간이 부족하다고 느낀다. 이렇게 긴박하게 돌아가는 하루 일과는 LG전자가 전 세계에 돌풍을 일으켰을 때도 어김없이 지켜졌다. 휘센 에어컨 매출이 세계 1등이 되고, 초콜릿폰이 국내 출시 4주 만에 55만 대가 팔려가는 대박 신화를 창조하고 있을 때도, 한 해에 세계 3대 디자인상을 동시에 석권할 때도 마찬가지였다. 헝그리 정신은 약육강식의 밀림 같은 비즈니스의 세계에서 생존을 위해 필수적으로 갖춰야 할 마음가짐이다.

아프리카에서는 늘 먹고 먹히는 긴박한 상황이 펼쳐지고 있다. 이곳에서 늘 사자에게 생명을 위협받던 가젤이 어느 날 자신이 사자보다 월등히 빨리 달릴 수 있다는 사실을 알게 되었다고 하자. 그러면 가젤은 평소의 위기감에서 벗어나 초원에서 여유롭게 풀을 뜯어 먹을 수 있다. 그때 사자가 나타나 가젤에게 달려든다. 가젤은 종전처럼 필사적으로 달리지 않는다. 이에 반해 오랫동안 굶주린 사자는 필사적으로 달린다. 그 결과가 어떻게 될지는 뻔하다. 가젤은 사자에게 잡아먹히고 말 것이다. 이처럼 냉혹한 정글의 법칙은 한 치의 오차 없이 모두에게 적용된다. 헝그리 정신과 위기의식을 놓치는 순간 생명을 잃게 된다.

현실을 직시하되 희망을 잃지 마라

케빈 케네디Kevin Kennedy와 메리 무어Mary Moore는 《100년 기업의 조건

Going the Distance》에서 이렇게 말했다.

"기업은 성장하면서 필수적으로 위기를 맞게 되는데 진짜 위기는 환율이나 유가와 같은 외부 요인이 아니라 지속적인 혁신의 실패나 학습 역량의 상실 같은 내부 요인에서 비롯된다."

사실 헝그리 정신의 바탕인 위기의식은 긍정적이며 낙관적인 의식과 배치되는 게 아니다. 오히려 무책임하고 막연한 낙관론을 걸러내고 실질적이고 현실적인 비전을 이끌어낸다. 적과 대치하고 있는 상황에서 아군의 안전을 보장하는 최고의 방법은 무엇일까? 적으로부터 강력한 평화조약을 이끌어내는 것일까? 절대 그렇게 생각해서는 안 된다. 아군의 안전을 보장하는 최고의 방법은 늘 경계심을 늦추지 않고 튼튼한 국방력을 길러놓는 것이다. 공격은 최선의 방어이다.

짐 콜린스의 《좋은 기업을 넘어 위대한 기업으로》에는 '스톡데일 패러독스Stockdale Paradox'라는 용어가 나온다. 베트남 전쟁 때 하노이 수용소에서 8년간 포로 생활을 하다가 풀려난 미국 스톡데일 장군의 이름에서 따온 말이다. 짐 콜린스가 스톡데일 장군에게 "포로 생활을 견뎌내지 못한 사람은 누구였습니까?"라고 묻자, 그는 "아, 그건 간단하지요. 낙관주의자들입니다"라고 대답했다. 그 대답을 이해하기 힘들었던 짐 콜린스에게 스톡데일 장군은 이렇게 말했다.

"그러니까 '크리스마스 때까지는 나갈 거야'라고 말하던 사람들 말입니다. 그러다가 크리스마스가 오고 크리스마스가 지나갑니다. 그러면 그들은 '부활절까지는 나갈 거야'라고 말합니다. 그리고 부활절이 오고 다시 부활절이 지나가지요. 다음에는 추수감사절, 그리고 또 크리스마스를 고대합니다. 그러다가 결국 희망을 잃고 상심해서 죽고 말았지요."

그러고는 스톡데일 장군은 덧붙여 말했다.

"이건 매우 중요한 교훈입니다. 결국에는 성공할 거라는 믿음, 결단코 실패할 리 없다는 믿음과, 그게 무엇이든 눈앞에 닥친 현실 속의 가장 냉혹한 사실을 직시하는 규율은 결코 서로 모순되는 것이 아닙니다."

'스톡데일 패러독스'가 말하는 것은 무엇일까? 막연하게 낙관하기보다는 눈앞의 냉혹한 현실을 직시하면서도 희망을 잃지 않는 것이 중요하다는 점이다. 짐 콜린스는 "결국에는 성공하리라는 믿음을 잃지 않는 동시에, 눈앞에 닥친 현실 속의 가장 냉혹한 사실들을 직시해야 한다"고 강조했다.

배가 고파야 창의성이 발현된다

헝그리 정신에 바탕을 둔 위기의식은 창의성을 배가하는 힘을 가졌다는 점 역시 기억해야 한다. 요즘 젊은 직장인들 사이에서는 창의성이 느슨하고 이완된 조직문화에서 생긴다고 보는 견해가 없지 않다. 물론 그런 측면이 있기도 하지만 회사를 이끌어가는 최고경영자의 입장에서 보면, 결국 헝그리 정신과 위기의식처럼 더 절박한 상황에서 더 나은 창의성이 나온다고 생각한다. 세계 3대 디자인대회 '레드 닷 디자인 상'의 피터 제크 회장 역시 "창의성은 헝그리 정신에서 나온다"라고 말한다. 그는 벼랑 끝에 선 기업에서 창의성이 발휘되는 경우가 많다고 하면서 그 이유를 이렇게 설명했다. "살아남아야 한다는 강박관념이 커진 상태지만 더 이상 잃을 게 없기 때문에 모험적으로 나서는 덕분이죠." 그는 성공의 샴페인을 터뜨린 기업들은 기득권을 지키면 된다는 생각에 혁신을 시도하기 어렵다고 했다. 창의적 의사결정을 하기에는 잃을 것이 너무 많아졌기 때문이라는 것이다.

매킨토시 컴퓨터로 IT 업계를 이끌던 애플은 자만에 빠져 CEO 스티브 잡스를 쫓아내 위기를 자초하고 말았다. 이후 애플이 최악의 경영 위기를 맞은 상황에서 다시 애플의 CEO로 복귀한 스티브 잡스는 창의성을 발휘해 아이팟을 내놓았다. 애플의 1등 신화는 여기서 그치지 않았다. 또다시 위기가 찾아왔을 때 스티브 잡스는 혁신적인 제품 아이폰을 내놓음으로써 1등 신화를 이어갈 수 있었다. 스티브 잡스는 2005년 스탠퍼드대학 졸업식 연설을 이런 말로 끝맺었다.

"늘 배고프게, 늘 어리석게 살아라Stay Hungry, Stay Foolish."

잠재력을 극대화하는 헝그리 정신

세계 최고가 되려면 헝그리 정신과 자신을 벼랑에 밀어 넣는 위기의식이 있어야 한다. 헝그리 정신은 역경지수AQ: Adversity Quotient를 높여 조직 구성원의 잠재력을 극대화한다는 점을 반드시 명심해야 한다. 정상을 목표로 산에 오르다 보면 장애물과 만나게 된다. 그러면 대부분 금방 자포자기하고 하산하거나, 예정된 목표를 수정해 가까운 다른 산의 정상에 오른다. 하지만 예외도 있다. 본래의 목표에서 한 치도 벗어나지 않고 장애물을 극복하려고 최선의 노력을 다하는 사람도 있다. 이런 사람이 바로 역경지수가 높은 사람이다. 그들은 매사를 도전적인 자세로 임해 성공을 이루어낸다.

세계 해전사의 전무후무한 신화를 남긴 성웅 이순신. 그는 13척의 배로 적군의 배 133척을 침몰시켰던 명량대첩을 앞두고 이렇게 말했다.

"생즉사 사즉생生卽死 死卽生(살려고 하면 반드시 죽고, 죽으려 하면 반드시 산다)."

CEO 역시 이러한 비장한 각오로 자신을 벼랑에 밀어 넣어야 1등 신화를 유지할 수 있을 것이다.

03

비전으로 경영하라

자만하지 마라

"비즈니스 세계에서 영원한 1등은 없다."

내가 누누이 강조하는 말이다. 기업과 포커 게임의 공통점은 1등만 살아남는 것이며, 2등은 가장 많은 돈을 쓰게 되어 있다. 비즈니스의 세계에서는 어제의 1등이 오늘의 1등을 보장하지 않으며, 오늘의 1등이 내일의 1등을 장담할 수 없다. 미국의 〈포춘〉에서 '500대 기업'을 선정해 평균수명을 파악해보니, 불과 40년밖에 되지 않았다고 한다. 일본과 유럽은 이보다 더욱 짧은 13년이라고 한다. 우리나라의 경우 2004년 기준 국내 677개 상장사의 평균수명은 34.4년이었으며, 이들 중에서 80년의 수명을 넘긴 기업은 단 5곳에 불과했다.

이처럼 현대 기업의 수명이 갈수록 짧아진다는 사실은 우리에게 많은 시사점을 남긴다. 한창 잘나갈 때 미래에 대비하지 않으면 그 기업은 역사 너머로 사라지고 만다는 것을 명심해야 한다. 그러면 어떤 이유 때문에 기업이 짧은 수명으로 운명을 다하는 걸까? 그 원인은 여러 가지가 있을 수 있겠지만 무엇보다 환경의 변화를 외면한 지나친 자만심이 결정적일 것이라 생각한다. 이 자만심은 결국 자기가 최고라는 사실에 도취될 때 생긴다.

널리 알려진 그리스 신화의 나르키소스를 예로 들어보자. 나르키소스가 태어났을 때, 예언자는 "자기 자신을 모르면 오래 살 것"이라는 예언을 한다. 나르키소스는 자신의 준수한 용모 덕에 숱한 처녀와 님프로부터 구애를 받지만 모두 거절한다. 그는 자신의 외모가 얼마나 준수한지 몰랐다. 그런 그는 샘에 비친 자신의 용모를 보고 사랑하게 된 나머지 샘물에 빠져 죽고 만다. 이는 자아도취의 위험을 지적하고 있다. 기업으로 말하자면 1등 기업이 스스로 1등이라고 자만하는 순간 위기가 시작된다는 의미다.

닛산자동차는 일본 최초로 '닷산' 자가용을 미국에 수출해 일본 자동차 산업의 선구자가 되었다. 하지만 일본 1위 기업이라는 자아도취에 빠지면서 '기술의 닛산', '도쿄대 엘리트의 닛산'이라는 명예에 사로잡혔다. 그 결과 현실에 민첩하게 대응하지 못함으로써 한때 도산 위기에 처하고 말았다.

비전이 없다면 미래도 없다

그렇기 때문에 끊임없이 혁신의 가속페달을 밟게 하는 '비전 제시'

가 중요하다. 회사의 미래 비전이 없다면 혁신은 설 땅이 없다. 비전은 현재에 안주하지 않고 미래의 더 큰 목표를 향한 지속적인 도전과 혁신을 하도록 독려한다. 미래 비전은 조직 구성원으로 하여금 1등이라는 자만심을 버리고, '영원한 1등'을 향해 더욱 자신을 다그치게 한다. 또한 강력하고 확고한 회사의 비전은 조직 구성원으로 하여금 자신의 비전을 회사의 비전과 일치되도록 함으로써 그들을 단합시키고 역량을 총결집시킨다.

인류 역사상 가장 큰 영토를 정복한 칭기즈칸은 병사들이 그의 목표를 위해 싸우게 하지 않고 그들 자신의 전쟁을 치르게 했다. 칭기즈칸의 유라시아 대륙 정복의 비전은 곧 병사들 자신의 비전이었다. 이렇게 했기 때문에 칭기즈칸은 병사들의 엄청난 역량을 이끌어낼 수 있었다.

나 또한 LG전자 CEO 시절에 제시한 전자정보통신 분야 '2010 글로벌 톱3'가 직원 모두의 비전으로 자리 잡도록 노력했다. 한전에서도 마찬가지였다. '글로벌 톱5 에너지 & 엔지니어링 컴퍼니Global Top 5 Energy & Engineering Company'라는 New Vision을 선포했다. New Vision은 원자력과 스마트그리드 등 녹색기술을 미래의 성장 동력으로 삼아, 2020년에는 2010년 매출의 3배 정도인 850억 달러(85조 원)의 매출을 달성하고, 이 가운데 해외 매출 260억 달러(26조 원)를 달성해 세계 5위권의 종합 에너지 회사로 비상한다는 도전적인 목표를 담고 있다. 이러한 목표 달성을 위해 아래와 같은 전략 사업부문을 설정했다.

1. 국내 사업부문

한전은 국내 전력수요 성장 둔화에 대응해 전기차, 전기에너지 주택 등 신규 녹색전력 수요를 창출해 2020년 58억 달러의 매출을 달성할 계획이다. 송배전손실률을 3.90%로 줄이고, 변전소 이용률을 60%로 높여 고품질의 전기를 지속적으로 제공할 것이다.

2. 해외 사업부문

① 원전 건설 사업부문

한전은 2009년 UAE에서 최초의 해외 원전 사업을 수주한 기세를 이어가 2020년까지 10기 이상의 신규 원전 건설 사업 수주를 목표로 하고 있다. 이를 위해 전략 국가와 지역을 설정하고 제2, 제3의 해외 원전 수주를 달성하여 2020년 43억 달러의 매출을 달성할 계획이다.

② 원전 서비스 사업부문

원전을 건설하면 원전의 수명 기간 동안 원전을 운영하고 원전 연료를 공급하며, 정비·보수하는 원전 서비스 사업 기회가 발생한다. 한전은 전문인력 양성과 기술력 강화를 통해 2020년 해외 원전 서비스 사업부문에서 19억 달러의 매출을 창출할 계획이다.

③ 수화력, 신재생 발전 사업부문

한전은 현재 필리핀, 요르단, 중국 등지에서 해외 수화력발전 및 신재생에너지 발전 사업을 수행하고 있다. 향후 중앙아시아, 아프리카,

북미, 남미 등 전 세계로 사업 지역을 확대해서 2020년 127억 달러의 매출을 달성할 것이다.

④ 자원 개발 사업부문

지금 전 세계에서는 에너지 자원 확보를 위한 총성 없는 전쟁이 펼쳐지고 있다. 한전은 발전연료인 우라늄과 석탄의 안정적 확보를 위해 해외 광산 개발 및 지분 인수를 적극적으로 펼치고 있다. 한전은 2020년까지 우라늄과 석탄의 자주개발률 60%를 달성해 자원강국 코리아를 만드는 데 기여할 것이다.

⑤ 스마트그리드 사업부문

에너지 효율을 극대화할 수 있는 지능형 전력망인 스마트그리드는 국가적인 미래 성장 동력으로 부각되고 있다. 한전은 현재 제주 스마트그리드 실증 사업에 주도적으로 참여하고 있으며, 관련 기술 선점과 사업화를 통해 2020년 27억 달러의 해외 매출을 달성할 계획이다.

비즈니스의 세계에서는 1등이 아니면 곧 파산이나 다름없다. 따라서 '이 정도면 됐다'는 느슨한 자세와 자만심을 늘 경계해야 한다. 혁신 활동은 끝이 없는 여정이다. 기업의 모든 구성원은 '한 번 1등'이 아니라 '영원한 1등'을 한다는 각오로 매진해야 경쟁에서 승리할 수 있다. 회사의 전 구성원과 공유된 '진정한 비전'은 전 직원의 가슴을 벅차게 하고 열정으로 춤추게 함으로써 위대한 기업을 달성하게 만든다. 잭 웰치는《잭 웰치, 위대한 승리Winning》에서 이렇게 말한다.

"리더는 사람들이 비전을 이해할 수 있도록 해야 할 뿐 아니라 비전으로 살고 비전으로 숨 쉬게 해야 한다."

혼이 담긴 기업의 길,
Way 경영

고유한 기업문화를 담아라

"임직원 모두가 'KEPCO(한국전력) Way'를 공유하고 실천해야 합니다. 앞으로 상생과 협력의 노사관계를 바탕으로 한전만의 '혼'이 담긴 'KEPCO Way'를 만들어갑시다."

2010년 6월 'KEPCO Way' 선포식에서 내가 했던 말이다. 한전은 전사적인 혁신 노력과 경영 성과를 인정받아 2009년 정부 경영평가에서 96개 공공기관 중 유일하게 최고 등급인 'S' 등급을 달성했다. 이와 더불어 UAE 원전 수주로 해외에서도 회사의 위상이 한층 높아졌다. 하지만 한전의 위상이 높아진 만큼 글로벌 기업들의 견제와 도전도 더욱 거세지고 있다. 국내 전력수요 성장 둔화에 대비해 미래 성장 동력을 발굴하는 것 또한 중요한 과제로 남아 있다. 그동안의 성과에 만족하거나 자만한다면, 미래의 성공을 결코 보장받을 수 없는 상황이다.

이러한 상황에서 오늘의 한전을 있게 한 정신을 바탕으로 글로벌 리더로 도약하기 위한 핵심 가치를 담아 'KEPCO Way'를 선포했다. 성공한 기업을 살펴보면 다른 기업들과 차별되는 저마다의 고유한 기업문화, '혼'이 있음을 알 수 있다. 이것이 바로 'Way'다. LG에는 'LG Way'가 있는데, 이것은 '고객을 위한 가치 창조, 인간존중의 경영, 정도 경영, 1등 LG'라는 내용을 담고 있다. 내가 LG전자를 이끌던 2004년에는 '2010년 글로벌 톱3' 달성을 위해 'LG전자 Way'를 선포한 바 있다. 'LG전자 Way'는 회사 고유의 경영 방식 및 조직 가치와 사고, 빠른 혁신과 빠른 성장을 향한 행동 양식, 현장 경영, 신뢰받는 리더십, 건전한 조직원 등 새로운 패러다임을 담았다. 그리고 이것을 변화와 혁신을 가속화하는 계기로 삼았다.

도요타에도 전 세계 기업이 벤치마킹하는 '도요타 Way'가 있다. 창업 정신을 계승해 '2001년 도요타 Way'를 만들었는데, 이것은 '도전', '개선', '현지', '현물', '존경', '팀워크'로 요약된다. 조 후지오張富士夫 도요타 사장은 '도요타 Way'를 "작업자부터 경영자까지 모든 직원을 인재로 키우는 문화와 끊임없는 카이젠(개선) 정신"이라고 말했다. 도요타 생산방식의 경우 작업 중에 결함이 생기면 라인을 멈추고 문제점을 해결한 뒤 다시 작업에 들어가는 게 기본이라고 한다. 이처럼 품질을 개선하고 경영혁신을 추진하는 과정에 직원들이 주도적으로 참여할 수 있도록 하는 것이 '도요타 Way'의 핵심이다. 이러한 기업문화는 현재 도요타가 처한 위기 상황을 극복하게 하는 버팀목이며, 계속해서 1등 회사로 나아가게 하는 엔진이다.

비즈니스맨이 실천해야 할 My Way

'KEPCO Way'는 2020년 'Global Top 5 Energy & Engineering Company'라는 비전 달성을 위해 한전 직원 모두가 공유해야 하는 핵심 가치이자, 실천해야 하는 행동 방식이다. 'KEPCO Way'는 '세계 최고Global Excellence', '고객 존중Customer Respect', '성과 추구Performance Driven', '도전 혁신Challenge & Innovation', '사회적 책임Social Responsibility'의 5가지 핵심 가치를 담고 있다. 아래 정리한 'KEPCO Way'의 핵심 가치들은 한전 직원뿐만 아니라, 비즈니스맨 누구나 'My Way'로 실천한다면 사회생활을 하는 데 있어 큰 도움이 될 것이라 생각한다.

① '세계 최고Global Excellence'

글로벌 시대의 비즈니스맨은 업무 성과나 행동, 사고방식, 외모, 복장 모두 글로벌 수준을 지향해야 한다. 자신의 분야에서 세계 최고 수준의 전문 역량을 갖추는 것은 물론, 비즈니스 회화에 필요한 어학 실력을 겸비해야 한다. 더불어 음식, 종교와 같은 해외 문화에 대한 이해를 갖는다면 성공적인 비즈니스 협상을 위한 좋은 무기가 될 수 있다. 글로벌 스탠더드에 맞는 단정하면서도 세련된 외모와 복장을 갖추는 것 또한 프로 비즈니스맨의 기본적인 자세라 하겠다. 비즈니스맨은 자신의 분야에서 '세계 최고'를 지향하고 부단한 자기계발을 통해 스스로의 몸값을 높여나가야 한다는 점을 명심하자.

② '고객 존중 Customer Respect'

사회생활을 하는 사람이라면 '나 이외의 모든 사람은 나의 고객'이라는 자세를 갖고 고객만족을 위해 끊임없이 노력해야 한다. 넓게 보면 회사의 고객은 물론이고 직장 동료와 같은 내부 고객, 가족들까지 모두가 나의 고객이다. 가정에서는 부모님, 배우자, 자녀들이 만족할 수 있도록 자신의 역할을 다하고, 직장에서는 상사와 부하 직원, 동료들을 만족시킬 수 있도록 관심을 기울이는 것이 고객 존중의 출발이라 하겠다.

③ '성과 추구 Performance Driven'

비즈니스맨은 일을 했으면 반드시 성과를 만들어야 한다. 성과가 없는 곳에 시간과 자원을 투자하는 것은 기회비용을 감안한다면 일을 안한 것만도 못한 낭비다. 일을 하는 근본적인 목적은 성과라는 점을 항상 염두에 두고 자신이 하고 있는 일이 성과를 만들고 있는지, 계속적인 성과를 만들 수 있을지 끊임없이 점검해야 한다. 높은 성과를 위해서는 부단한 자기계발을 통해 스스로 업무 역량을 높여야 함은 물론이다. 개인의 성과는 곧 회사의 성과로 이어지므로 '성과 추구'는 회사와 개인이 동반 성장할 수 있는 지름길이라 하겠다.

④ '도전 혁신Challenge & Innovation'

시시각각 급변하는 비즈니스 세계에서 안주하는 사람은 제자리에 머무는 것이 아니라 맨 뒤로 처지게 된다. 변화를 두려워하지 않고 과감하게 도전하는 사람만이 제자리를 지키는 것을 넘어 선두로 나설 수 있다. 사람은 본능적으로 변화를 두려워하는 속성이 있기 때문에 자기 혁신을 위해서는 적당한 위기의식, 즉 '부담감'이 필요하다. 집 안에서는 엄한 부모님의 존재가 필요하고, 부부 간에도 적당한 긴장이 있어야만 서로에 대해 존중하는 마음이 생기고 배우자로서의 의무를 다하게 된다. 직장에서도 상사의 존재가 긴장감 속에서 회사 생활을 할 수 있게 만드는 '부담'이 된다. 적당한 '부담감'은 변화의 동력이 되고 개인이 성장할 수 있는 힘이 된다.

⑤ '사회적 책임Social Responsibility'

'사회적 책임'이라고 해서 반드시 거창하게만 생각할 필요는 없다. 회사의 구성원으로, 가족의 일원으로, 국가의 시민으로서 행동 하나하나를 조심하고 자신의 역할을 다하는 것이 바로 '사회적 책임'을 실천하는 것이다. 회사 회식을 마치고 운전대를 잡고 싶은 마음을 억누르는 것, 부당한 청탁이나 접대 자리를 사양하는 것 등은 개인은 물론 회사를 위해서도 반드시 지켜야 할 책임임을 잊지 말아야 하겠다. 회사 생활을 하다 보면 한 번의 실수로 불명예스럽게 회사를 떠나는 경우를 접할 수 있는데, 정도를 걷는 사람만이 오랜 기간 동안 회사 생활을 하면서 성공할 수 있다는 점을 명심해야 한다.

기업의 핵심가치인 'Way'가 조직의 '문화'로 완벽하게 정착되기 위해서는 구성원 개개인이 회사의 'Way'를 'My Way'로 내재화하고 실천하는 것이 가장 중요하다.

현재에 안주하거나 변화를 두려워하는 소극적인 자세로는 'Way'를 만들 수 없다. 직원 개개인의 사고방식과 일하는 방식을 더욱 적극적이고 진취적으로 바꾸고 더 큰 목표를 향해 과감하게 도전해야만 'Way'가 기업의 '문화'로 자리 잡을 수 있다. "실행하는 것이 힘이다"라는 말처럼 'Way'는 머리로 암기하는 것보다 가슴속에 담아두고 일하면서 행동으로 옮길 때 그 빛을 발할 것이다.

급변하는 현대의 경영 환경 속에서는 자신만의 강한 기업문화, 즉 '혼'이 있는 기업만이 살아남을 수 있다. 강한 기업문화를 가진 기업은 조직 구성원이 바뀌어도 계속적으로 성장하고 발전해나갈 수 있다. 기업을 살아 숨 쉬게 하는 '혼'을 담은 'Way'를 조직 구성원들이 내재화하고 실천해나가는 것이야말로 '위대한 기업'으로 가는 가장 빠른 지름길이다.

미래의 리더가 될
젊은 인재에게

나는 오래전부터 가사일체家社一體를 특별히 강조했다. 가사일체란 가정과 회사가 서로 이해하고 격려하는 동반자라는 뜻이다. 나는 회사의 발전이 곧 직장인의 행복으로 연결될 수 있도록 '가정 친화적 경영'을 해왔다고 생각한다.

현대사회에서의 '효孝'는 과거와는 개념이 달라졌다. 과거에는 가까이서 부모님을 모시면서 봉양하는 것이 최고의 미덕이었지만, 이제는 사회적으로 '자랑스러운 자식의 모습'을 보여드리는 것이 효도가 되었다. 직장인이 부모님께 보여드릴 수 있는 '자랑스러운 자식의 모습'이란 한마디로 '위대한 기업'에 근무하면서 '라이트 피플'로 성장하는 것이다. 자식이 누구나 부러워하는 훌륭한 회사에서 누구에게나 인정받는 자랑스러운 인재로 성장한다면 부모로서는 더없는 보람일 것이다. 이것이 현대적 의미의 효도가 아닐까 생각한다.

이와 함께 '위대한 기업'에 근무하며 '라이트 피플'로 성장한다면

한 가정의 남편으로, 부인으로, 부모로, 자랑스러운 형제로 가족의 존경을 받을 수 있다. 그런 의미에서 가정에서의 성공과 회사에서의 성공이 따로 분리되지 않는다는 점을 명심해야 한다.

그것을 이루기 위해서는 어떻게 해야 할까? 방법은 딱 한 가지다. 뜨거운 열정과 강한 의지로 혁신에 질주하는 수밖에 없다. 쓰러져도 다시 일어나 목표를 향해 불도저처럼 밀고 나가야 한다. 실로 '독하다'라는 말을 들을 만큼 혁신 활동에 매진해야 한다. 그렇게 해야만 회사와 구성원이 최고의 역량을 발휘하는 강한 조직, 그리고 이를 바탕으로 지속적인 성과를 창출하는 조직을 만들 수 있다.

왜 '독하게' 혁신하지 않으면 안 될까? 그 이유는 비즈니스의 세계는 전쟁터나 다름없기 때문이다. 사회생활을 하며 살아가는 사람들, 특히 기업을 이끌어가는 경영자는 허허벌판의 사자나 가젤과 마찬가지 상황이다. 자나 깨나 살아남기 위해 싸워야 한다. 가젤은 사자보다 빨라야 살고, 사자는 가젤보다 빨라야 산다. 정신을 바짝 차릴 수밖에 없다. 우리는 항상 그러한 마음가짐으로 살아야 한다. 꼴찌만 아니라면 가젤로 살아남을 수 있다는 말은 틀렸다. 오로지 1등만 살아남는다는 것을 가슴에 깊이 새겨야 할 것이다.

《마시멜로 두 번째 이야기Don't Gobble the Marshmallow Ever!》에 나오는 이야기로 글을 마칠까 한다.

아프리카에서는 매일 아침 가젤이 잠에서 깬다.

가젤은 가장 빠른 사자보다 더 빨리 달리지 않으면 죽는다는 사실을 알고 있다.

그래서 그는 자신의 온 힘을 다해 달린다.

아프리카에서는 매일 아침 사자가 잠에서 깬다.

사자는 가젤을 앞지르지 못하면 굶어 죽는다는 사실을 알고 있다.

그래서 그는 자신의 온 힘을 다해 달린다.

네가 사자든, 가젤이든 마찬가지다.

해가 떠오르면 달려야 한다.

INNOVATION LEADER
열정의 승부사 김쌍수 사장의
혁신 경영 이야기

5%는
불가능해도
30%는
가능하다

1판 1쇄 발행 | 2010년 12월 20일
1판 5쇄 발행 | 2015년   4월 17일

지은이 김쌍수
펴낸이 김기옥

프로젝트 디렉터 기획1팀 모민원, 권오준
커뮤니케이션 플래너 박진모
경영지원 고광현, 김형식, 임민진

표지디자인 투에스
인쇄 미르인쇄 | **제본** 정문바인텍

펴낸곳 한스미디어(한즈미디어(주))
주소 121-839 서울특별시 마포구 양화로 11길 13 (서교동, 강원빌딩 5층)
전화 02-707-0337 | **팩스** 02-707-0198 | **홈페이지** www.hansmedia.com
출판신고번호 제 313-2003-227호 | **신고일자** 2003년 6월 25일

ISBN 978-89-5975-303-1 03320